＿＿＿＿＿대학교 의예과 ＿＿＿학번 ＿＿＿＿＿＿의
'의대 갈 결심'을 응원합니다.

막연하게 동경하기만 했던 꿈이,
구체적이고 선명한 현실이 될 수 있기를
진심으로 바라겠습니다.

의대 갈 결심

예비 의대생이라면 알아야 할 것들

1판 1쇄 펴냄 | 2025년 11월 20일

글 | 정재훈 · 최아란 · 황보율
발행인 | 김병준 · 고세규
편   집 | 박소연 · 정혜지
디자인 | 이소연 · 김경민
마케팅 | 김유정 · 신예은 · 최은규
발행처 | 상상아카데미

등록 | 2010. 3. 11. 제313-2010-77호
주소 | 서울시 마포구 독막로6길 11, 우대빌딩 2, 3층
전화 | 02-6925-4185(편집), 02-6925-4188(영업)
팩스 | 02-6925-4182
전자우편 | tpbook1@tpbook.co.kr
홈페이지 | www.tpbook.co.kr

ISBN   979-11-93379-66-0 13370

예비 의대생이라면 알아야 할 것들

의대 갈 결심

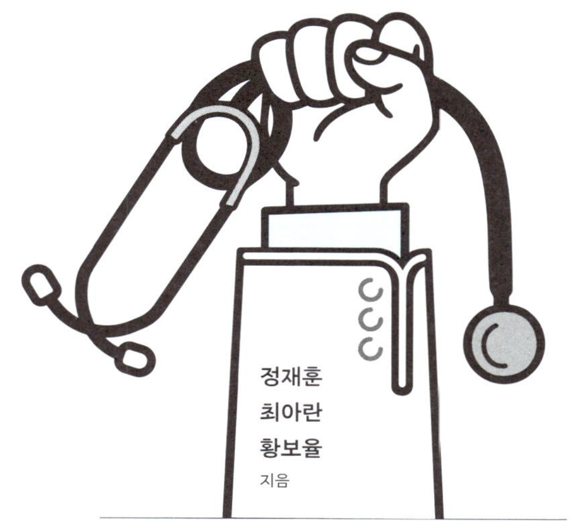

정재훈
최아란
황보율
지음

10대들이 가장 궁금해하는 의대,
의사의 모든 것

상상아카데미

일러두기

* Special Tip · ❶ 의 더 자세한 설명은 한국의과대학·의학전문대학원협회
  (https://www.kamc.kr/main/index.php?m_cd=52)에서 확인할 수 있습니다.

예비 의대생이 꼭 알아야 하는
메디컬 필수 상식

의사로 향하는 7가지 STEP

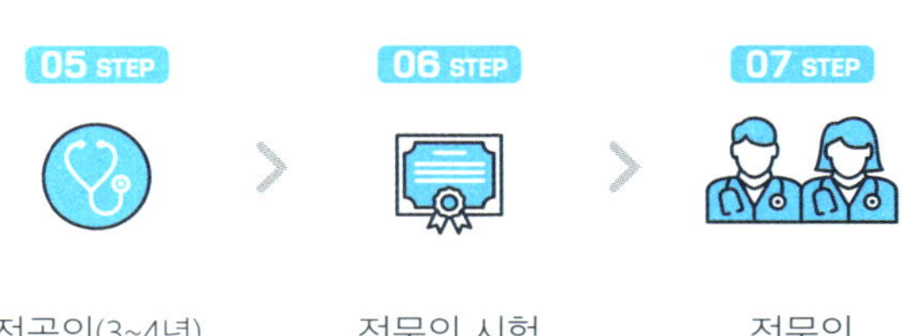

의대 교육 과정(6년)

의예과 (예과)	2년 동안 의학 관련 기초 과목과 교양 과목을 배우며, 의학적 사고의 토대를 쌓습니다.	
	1, 2학년	기초과학(생명과학·화학 등), 의학 입문, 교양 과목을 배웁니다.
의학과 (본과)	본과 1, 2학년(3, 4학년)에 기초·임상의학을 통합적으로 배우고, 본과 3, 4학년(5, 6학년)부터 배후 병원에서 임상 실습을 합니다. 본과 4학년 말, 졸업 예정자는 의사국가시험에 응시합니다.	
	3학년 (본1)	기초의학·임상의학 기초(해부·생리·생화·약리·병리 등)와 시스템별 통합 강의를 듣고, 실습에 참여합니다.
	4학년 (본2)	임상의학 심화(내·외·소·산소·정신·응급 등 주요 과목 심화 이론)를 배우고, 술기·증례 토의를 합니다.
	5학년 (본3)	배후 병원에서 내과·외과 등 임상 실습에 참여합니다.
	6학년 (본4)	임상 실습 심화 및 선택 실습에 돌입하고 의사국가시험을 대비합니다.

의사의 6가지 STEP

일반의	국가시험에 합격해 의사 면허를 받은 단계로, 의사 면허는 환자를 진료할 수 있는 법적 자격을 의미합니다. 병원을 개원하고 환자를 진료할 수 있습니다.
수련의 (인턴)	전공 진료 과목을 정하기 전, 수련 병원에서 모든 과목의 치료 과정에 참여하는 기간입니다. 자신에게 맞는 과, 가장 하고 싶은 과를 확인할 수 있습니다. 원하는 과의 전공의로 선발되고 싶다면, 수련 과정을 충실히 이행해야 합니다.
전공의 (레지던트)	인턴 과정을 이수한 사람이 전문 과목(내과, 신경과, 정신과 등) 중 한 과목을 전공으로 선택해 임상 수련하는 과정입니다.
전문의	면허를 취득한 일반의가 인턴 1년 후, 레지던트 4년 동안 전문 분야에서 수련을 마친 후 전문 과목을 응시해 자격 시험에 합격한 의사입니다.
전임의 (펠로우)	전문의 취득 후 2년에서 3년 정도 세부적인 분과를 정해서 병원 실습을 하고 싶은 이들이 선택하는 단계입니다. 이미 특정 과정의 전문의이지만, 더 깊이 있는 지식과 숙련된 기술을 습득하기 위해 추가 수련을 받는 의사입니다.
교수	펠로우 과정을 마친 후, 대학병원에서 진료, 교육, 연구를 담당하는 의사입니다. 조교수, 부교수, 정교수 등의 직급으로 나뉘며 학문적 업적과 경력에 따라 승진합니다.

의사국가시험 일정

1. **실기시험(9~11월):** 수험생이 진료 능력과 수기 능력을 갖췄는지 확인하는 시험

    · **진료 문항:** 표준화환자[*]를 대상으로 진료, 진단 능력을 확인.

    · **수기 문항:** 환자에게 행하는 진찰 및 검사 등 술기 능력을 확인.

2. **필기시험(1월):** 실기시험과 필기시험을 모두 합격해야 의사 면허를 취득할 수 있습니다.

---

[*] 실제 환자를 대신해 환자의 역할을 할 수 있도록 훈련을 받은 모의 환자.

나에게 맞는 의대 선택 기준 4가지

우리나라 전국에 의대는 총 40개가 있습니다. 그중 어떤 의대를 입학해야 6년 이상을 행복하게 공부하고 꿈꾸던 의사가 될 수 있을까요? 다음 네 가지 기준의 장단점을 살펴보고 자신에게 맞는 의대를 현명하게 선택해 봅시다. 그리고 이 기준이 아닌 본인만의 생각과 가치관이 담긴 기준도 세워 봅시다. 단순히 규모가 크고 정원이 많고 서울에 있다고 좋은 병원은 결코 아닙니다. 가장 중요한 첫 번째 기준은 본인이 행복하게 공부할 수 있는가입니다.

1. 수도권 vs. 지역

의대가 수도권에 있냐, 지역에 있는가에 따라 잘 정립된 인프라를 활용할 수 있는 여지가 달라집니다. 하지만 지역 의대는 공공보건의료 분야에 강점이 있고, 지역 의료 활성화에 뜻이 있는 학생들에게 의미 있는 선택이 될 수 있습니다.

2. 국립 vs. 사립

국립 의대는 사립 의대보다 안정적인 기초 교실 운영, 비교적 표준화된 교육의 질, 낮은 경제적 부담이 장점이고, 사립 의대는 과감하고 빠른 투자, 적극적인 시설 개선과 연구 지원이 가능하다는 장점이 있습니다. 하지만 운영 주체에 따라 단점이 분명하기 때문에 잘 비교해야 합니다.

3. 대형 단일 병원 소유 vs. 여러 배후 병원 소유

의대의 배후 병원은 의대생의 실습 등 교육의 질과 세부 전공에 대한 선택지와 직접적으로 연결됩니다. 대형 단일 병원은 다양한 사례를 경험할 가능성이 크지만 내가 원하는 과를 선택하기 어려울 수 있고, 여러 병원을 가진 의대는 교육의 집중도는 낮아질 수 있지만 내가 원하는 과를 갈 가능성이 높아집니다.

4. 연구 중심 의대 vs. 임상 중심 의대

의사의 진로는 다양합니다. 현대 의학은 근거중심의료학을 지향하고 있고 국가적으로 기초과학에 종사하는 의사과학자에 대한 투자가 늘어나고 있습니다. 내가 원하는 의과대학이 충분한 기초의학 역량을 가지고 과학자에 대한 지원을 하는지 아니면 단순한 임상의사 양성에만 집중을 하는지 고민해 보아야 합니다.

*자세한 해설:55쪽

의대 적성 체크 리스트 Q.12

다음 성격, 태도, 생활·공부 습관, 체력, 가치관 5가지 요소는 예비 의대 생이 의대에 입학해 의사가 될 때 갖춰야 할 기본 자질들입니다. 스스로 고민하고 몇 개나 적합한지 확인해 봅시다. 혹시 체크를 많이 하지 못하 더라도 괜찮습니다. 이 질문들이 품은 의도를 이해하고 이것을 키우려고 노력한다면 언젠가 훌륭한 의사가 되어 있으리라 믿습니다.

	질문	확인
성격	목표를 정하고 끝까지 달성해 본 경험이 있나요?	
	전체 상황을 파악하고 변하는 환경에 대처할 유연성이 있나요?	
	타인의 사연이나 아픔을 공감하고 이해할 수 있나요?	
	힘들거나 지칠 때 평정심을 유지하고 자신을 조절할 수 있나요?	
태도	타인의 감정에 휩쓸리거나 동요하지 않고 이성적으로 침착할 수 있나요?	
	여러 사람과 원활하게 소통하고 리더십을 발휘할 수 있나요?	
생활·공부 습관	주어진 시간을 잘 관리하고 효율적인 계획을 세울 수 있나요?	
	필요한 내용을 반복해서 공부하고 암기할 수 있나요?	
체력	공부나 일에서 강행군이 이어져도 버틸 수 있는 체력이 있나요?	
가치관	타인을 위해 희생할 마음이 있나요?	
	평생 배움을 게을리하지 않고 공부할 수 있나요?	
	유혹에 흔들리지 않고 철저하게 자기 관리할 수 있나요?	

*자세한 해설:67쪽

결심을 현실로 이루는 힘

지금 생각해 보면 중고등학생 때는 모든 것이 희미했습니다. 대학교에 들어가 세상의 주인공으로 꿈을 펼치는 것을 준비하는 희망의 시기라고 하지만, 학교 생활은 하루하루가 꽤 힘겨운 시간이었습니다. 결국 좋은 의대에 가서 멋진 미래를 꿈꿔보았지만 그것이 어떤 것인지 불분명하고 확실하지 않은 의사라는 목표를 향해서 무조건 나아가야만 하는 기분이 들었습니다.

이 책을 잡은 독자들은 나중에 의사가 되기를 원하거나, 의대 진학을 고려해 보는 학생들이겠지요. 아마 여러분도 이런 불확실한 조급함 속에 있지 않을까 생각해 봅니다.

요즘은 공부를 꽤 잘하면 주변에서 의대에 가는 것을 부추기곤 해서 이른바 '의대 열풍'이 불고 있습니다. 의사라는 직업에 대해서 확실히 알지 못한 채 막연히 환상적인 이미지만을 좇아 의대를 목표로 삼기도 합니다. 그러나 우리가 미디어에서 보는 의사와 실제 의사의 삶은 많은 차이가 있고, 의사라는 직업에 대해서 잘 알지 못하고 의대를 온 경우 적성에 맞지 않아 어려움을 겪는 경우도 많습니다.

인생은 매 순간이 선택과 결정의 연속이지만 자신의 첫 직업을 결정하는 것은 그중 매우 중요한 일입니다. 그런데 의사라는 직업은 그 특수성 때문에 의대에 들어간다는 것으로 이미 직업이 의사로 결정됩니다. 따라서 의대에 간다는 것은 어린 나이에 큰 결정을 하는 것이고, 고민은 더욱 신중하고 명확해야 합니다. 이 책에서는 의대 열풍이라는 사회적 현상에 떠밀려 학생 자신이 주체적인 선택을 하지 못할까 걱정하는 마음이 담겨 있습니다.

따라서 이 책을 쓴 세 명의 의사는 의대와 의사의 실제 삶에 대해서 선명하게 알려주고 의대를 목표로 하는 학생의 결정을 도와주려고 합니다. 이 책의 〈STEP 1〉에서는 의대에 가려는 목표를 세울 때 어떠한 마음가짐을 가지는 것이 좋을지 고민될 때, 자신이 의사라는 직업에 맞는 사람인지 의문일 때 조언하고자 합니다. 〈STEP 2〉에서는 의사의 첫 관문인 의대생의 진짜 삶에 대해서 이야기합니다. 그리고 〈STEP 3〉에서는 의사가 되는 과정인 의사국가시험과 전공의 생활 등을 가감 없이 보여줍니다. 그리고 마지막 〈STEP 4〉에서는 의사의 다양한 진로에 대한 내용과 의사의 창업, 인공지능 시대의 의사 등 앞으로의 시대에서 의사가 나아갈 방향에 대해서 담았습니다.

이 책에는 의대를 고려하는 학생과 부모에게 알려줄 가장 핵심적인 내용이 들어 있습니다. 그러나 이 책이 의대를 가라고 권하지는 않습니다. 다만 학생들이 그 시대의 유행을 따라 직업을 선택할 필요는 없고 자신에 대해 깊이 생각한 뒤 스스로의 삶을 만들어가길 바랄 뿐입니다. 만일 의대를 선택한다면 지금 현재 의사의 삶과 미래 의료의 변화를 폭넓게 생각해 보며 준비해 나가길 바라는 마음에서 이 책을 통해 의사라는 직업과 의대생, 전공의, 전문의들의 삶을 정리해 보았습니다.

세상의 기술이 빠르게 발전하고 있고, 세계적으로 의료와 바이오 헬스케어 산업은 크게 성장할 것입니다. 인공지능의 발전은 모든 직업에 영향을 미칠 것입니다. 이러한 시대에 의사라는 직업은 앞으로 더 많은 도전을 받을 것이고, 의사 역시 커리어가 병원에 국한되지 않고 다양해질 것입니다. 이제 '의대 갈 결심'을 했다면, 의사라는 직업을 통해서 자신의 꿈을 무한히 확장하는 결심까지 해보길 바랍니다.

차례

Special Tip ❶ 예비 의대생이 꼭 알아야 하는 메디컬 필수 상식　　005

Special Tip ❷ 나에게 맞는 의대 선택 기준 4가지　　009

Special Tip ❸ 의대 적성 체크 리스트 Q. 12　　011

프롤로그 결심을 현실로 이루는 힘　　013

STEP 1. 의대생이 되기 전에 알아야 할 것들

꿈이 선명할수록 현실이 될 수 있다　　023
왜 의대생이 되려는지 질문하기

헤매는 시간만큼 너의 꿈이 될 수 있다　　031
의사라는 꿈을 스스로 선택해야 하는 이유

다시 태어나도 의사가 될 수 있다면　　037
부모의 꿈인가, 아이의 꿈인가

꿈은 내가 스스로 정해야 한다　　043
부모와 아이가 함께 알아야 할 의사의 빛과 그림자

내가 꿈을 펼칠 의대는 어떻게 정할까?　　055
의대 선배가 알려주는 의대 선택 기준 4가지

의사가 되고 싶다면 나를 먼저 알아야 한다　　067
슬기로운 의대 생활을 위한 생존 전략 12가지

STEP 2. 의대생으로 살면서 알아야 할 것들

의대에서 의학을 배운다는 게 뭘까?　079
의대 공부 미리 경험하기

죽음이 의대생에게 가르쳐주는 것들　087
의사의 태도와 마음을 키우는 해부학 실습

우정은 너를 더 크게 성장시켜준다　093
의대생에게 동아리와 인간관계가 소중한 이유

좋은 의사는 좋은 선후배 관계가 만든다　101
선배와 후배의 올바른 관계 맺는 법

학원 문을 두드리는 너의 어깨를
　두드려주고 싶다　109
의대생이 받는 사교육의 비밀

노력만큼 성적이 나오지 않아도 괜찮다　119
의대생의 첫 번째 고비, 재시와 유급

슬럼프가 왔다면 쓰러지지 말고
　반갑게 맞아줘라　127
의대생의 두 번째 고비, 슬럼프 관리법

의대생의 방학은 내면을 키우는 시간이다　135
의대생이 방학을 더 효율적으로 보내는 법

STEP 3. 의사가 되기 전에 알아야 할 것들

의사가 되는 마지막 관문, 의사국가시험   145
합격을 부르는 의사국가시험 준비 전략

어떤 과에서 일하느냐가 의사 인생을 좌우한다   151
나에게 맞는 과 정하는 법

전공의의 새벽은 오늘도 저물지 않는다   161
전공의 수련 과정 24시

의사가 과학자가 되려면 어떻게 해야 할까?   173
의사과학자가 되고 싶은 학생들에게

STEP 4. 의사가 되고 나서 알아야 할 것들

의사가 갈 수 있는 세 갈래 길   183
대학병원 교수, 개업, 봉직의사의 특징

지혜롭고 다정한 의사 할머니가 되고 싶어   191
의사들이 은퇴가 늦은 이유

병원이 아니어도 꿈을 펼칠 수 있다   197
스타트업을 차리고 싶은 예비 의대생들에게

인공지능과 의사가 공존하는 병원을
　상상하다　　　　　　　　　　　203
인공지능과 의사가 함께 일하는 미래

인공지능이 의사의 자리를 위협하더라도　　211
인간 의사만이 할 수 있는 일

히포크라테스 선서가 우리에게 전하는 말　　219
의사가 지켜야 할 양심과 윤리들

글을 쓴 사람들　　　　　　　　　　227

여러분이 꿈꾸는 의대라는 곳은, 의사라는 직업은 어떤
모습인가요?
잠시 문제집을 내려놓고 여러분이 그토록 간절히 원하는
미래를 상상해 봅시다.
꿈이 선명할수록 의지도, 확신도 강해지니까요.
의대 선배로서, 의사 부모로서 사랑하는 후배와
내 아이의 손을 잡는 마음으로 의대가 어떤 곳인지,
의사가 어떤 일을 하는지 빛과 그림자 모두 들려드릴게요.
새벽 4시 반, 의대와 병원의 불은 꺼지지 않습니다.
여러분에게 그 치열하지만 행복한 곳에서 나오는 빛이
마침내 꿈을 발견하게 하는 밝은 등대가 될 수 있다면
좋겠습니다.

의대생이 되기 전에 알아야 할 것들

❶ 내가 의사가 되려고 하는 이유는 무엇일까?

❷ 의사는 정말 돈을 많이 벌고 안정적일까?

❸ 의대 진학을 위해 부모와 아이가 함께 고민해야 할 것은 무엇일까?

❹ 나에게 맞는 의대를 선택하는 방법과 기준은 무엇일까?

❺ 나는 의사에 적합한 성격과 가치관을 가지고 있을까?

꿈이 선명할수록
현실이 될 수 있다

왜 의대생이 되려는지 질문하기

2024년, 수능이 끝난 늦은 오후였습니다. 아파트 주차장에서 한 어머니와 아들을 마주쳤습니다. 회색 트레이닝복 차림에 검은 패딩 점퍼를 껴입은 아들의 모습에서 하루 종일 시험을 치른 고단함이 묻어났습니다. 도시락 가방을 든 어머니의 손에는 '잘 되었으면' 하는 간절함이 함께 들려 있었습니다. 엘리베이터를 기다리며 마주한 그들의 대화가 귀에 흘러 들어왔습니다.

어머니가 "내년에는 의대 증원한다니까 더 쉬울 거야"라고 확신 있게 말하자, 아들이 답했습니다. "지금 다니고 있는 대학교는 어떻게 가지? 한 번도 안 가봤는데… 지하철 타고 가면 되나?"

엿들은 대화로 추정해 보건대, 그들은 의대 진학을 희망하고 있었습니다. 아들은 이미 합격한 대학교가 있었지만 휴학한 상태로, 소위 '반수생'이었습니다. 그가 내년에도 의대에 도전을 한다면 삼수생이 되는 겁니다. 그들의 대화를 듣고 나니 문득 궁금해졌습니다. 그들에게 질문하고 싶어졌습니다. "어머니, 학생. 왜 의대에 가고 싶은가요?" 물론 저는 그들의 대화를 엿듣고 있었기 때문에 질문하지는 못했습니다. 다만, 그 못다 한 질문이 제 마음속에 오래 남았습니다.

가슴 뛰는 꿈을 품어봤는가

의대 합격은 '목표'가 아니라 '출발선'입니다. 진짜 중요한 질문은 이것입니다. "나는 왜 의사가 되고 싶은가?" 의대 입학은 의사가 되기 위한 과정일 뿐입니다. 의대에 입학만 하면 의사가 되는 건 시간 문제입니다. 하지만 그 길은 결코 쉽지 않습니다. 치러야 할 수많은 시험과 오랜 시간을 투자해야 하는 공부와 수련 기간이 기다리고 있는 것은 물론, 의사가 되고 난 이후에도 끝없는 공부가 이어집니다. 그 과정에서 단단하게 버티게 하는 힘은, '왜 의사가 되고 싶은가'에 대한 확고한 답입니다. 그러므로 의대생이 되기 전 의사가 되고 싶은 이유를 한 번쯤 아니 여러 번 생각해 봐야 합니다. 타인의 기대가 아니라 나만의 이유가 있어야 합니다.

저는 사람들을 돕는다는 것에 매력을 느껴 의사가 되기로 결심했습니다. 어린 시절 우연히 본 메디컬 드라마에서 자신의 삶을 포기하고 다른 이들을 치료하기 위해 헌신한 사람을 봤습니다. 하얀 가운을 입은 의사였습니다. 타인을 돕는 삶을 사는 그들처럼 살면 행복할 것 같았습니다. 그래서 의사가 되기로 결심했습니다. 국내에서 의사가 될 수 있는 방법은 의대 입학이 유일했기에 그것이 공부의 목표가 되었습니다. 그래서 공부를 잘해야 했습니다. 하지만 의대에 입학한 후에야 깨달았습니다. 다른 학생들도 저마다 다양한 이유로 의대에 입학한다는 것을 말입니다.

✚

의사가 되고 싶은 수백 가지 이유

안정성

의대를 희망하는 가장 큰 이유 중 하나는 '경제적 안정성'입니다. 1997년 IMF 외환 위기 이후, 의대의 인기는 폭발적으로 높아졌습니다. 위기 속에서도 의사라는 직업은 비교적 안전했고, 안정적인 수입을 보장했습니다. 당시까지 상위권 학생들은 주로 이공계로 진학했지만, IMF 이후에는 분위기가 달라졌습니다. 부모들은 '내 자식만큼은 위기에도 흔들리지 않는 직업을 가져야 한다'라는 믿음으로 의대를 최고의 선택지로 삼았습니다.

전문성과 폐쇄성

두 번째는 직업의 전문성과 높은 진입 장벽입니다. 의대 입학 없이는 의사가 될 수 없다는 폐쇄성은 의사의 안정성을 더 단단하게 합니다. 능력과 노력만으로는 도전할 수 없는 높은 장벽은, 한번 의사가 되면 그 지위를 쉽게 대체할 수 없게 합니다. 거기다 면허증을 소유해야만 의사가 될 수 있다는 전문성이 의사의 직업 안정성을 더 견고하게 했습니다. 그래서 많은 사람이 인구는 줄어들고 경제 성장은 둔화되고 미래는 불확실성만 남은 현실에서 대피해 경제적 안정성이 큰 의사라는 직업을 갖기 위해 의대에 입학하려고 합니다. 이런 선택은 합리적으로 여겨집니다.

높은 사회적 지위

의사는 한국 사회에서 높은 사회적 지위와 명예를 갖는 직업입니다. 학구열이 뜨거운 한국 사회에서 성적이 좋은 학생들이 갈 수 있는 대표적인 대학교가 의대이고, 의대를 졸업해야만 의사국가시험을 치르는 자격이 주어지는 의사 역시 자연스럽게 사람들의 선망을 받게 되는 것이죠. 보수도 많고요. 성격 또한 성실하다고 생각되기도 합니다. 그러나 사회적 지위가 곧 그 사람의 인생 전체를 대변하는 것은 아닙니다. 사회적 지위는 그 사람을 나타내는 여러 요인 중 하나일 뿐, 결국 중요한 것은 각자의 삶을 어떻게 살아가는가입니다. 의사라는 길을 선택하더라도, 사회적 위치만으로 만족하기보다는 어떤 의사가 되고 싶은지, 어떤 가치를 실천하고 싶은지 고민해야 합니다.

이타적인 삶의 실천

의사는 이타적인 삶을 실천할 수 있습니다. 환자의 생명을 지키고 건강을 돌보는 일은 의사라면 누구나 감당해야 하는 기본적인 의무이기도 합니다. 하지만 그 과정 속에서 의사는 단순히 '일'을 넘어서는 보람을 느끼기도 합니다. 응급실에서 심정지 환자를 소생시켰을 때, 혹은 만성질환을 가진 환자가 의사의 말 한마디에 생활 습관을 바꿔 건강을 되찾게 되었을 때 의사는 자신이 누군가의 인생에 중요한 전환점을 만들어 줬다는 사실을 실감합니다. 또 어떤 의사는 국경없는의사회와 같은 국제 구호단체에 참여해 전쟁 상황이나 재난 현장에서 의료 봉사를 하며 인류 공동체를 위해 헌신하기도 합니다. 제가 의사라는 직업에 매력을 느끼게 되었던 포인트도 바로 이것이었습니다. 타인을 도우면서 내 삶도 완성돼 가는 기분은 지금도 매일 아침 저를 일터로 이끌어줍니다. 이처럼 의사가 타인을 돕는다는 말은 단순한 이상이 아니라, 실제 삶의 현장에서 확인되는 구체적인 경험입니다. 의사가 되기를 꿈꾼다면, 부디 여러분이 이 직업이 주는 보람이 단순한 경제적 안정성이나 사회적 지위 이상의 가치가 있다는 점을 기억해주면 좋겠습니다.

자신이 받은 사랑을 돌려주고 싶은 마음

병원에서 겪은 특별한 일, 병을 앓고 치료받았던 경험이 의사라는 직업을 선택하는 데 동기 부여가 되기도 합니다. 의사는 인간의 생로병사, 즉 태어나서 늙고 병들고 죽는 인생 전반에 영향을 미칩니다. 세상에 태어나자마자 만난 산부인과 의사, 어렸을 때 만난 소아과 의사, 가족이 병원에 입원했을 때 만난 의사 등 삶의 중요한 순간에 의사가 있습니다. 자신의 인생에서 의사라는 직업과 특별한 인연을 맺고 그것이 삶에 깊은 인상을 남겼다면 그 사람은 의사가 되고 싶을 수도 있습니다.

우수한 학업 성적

의외로 많은 학생이 단지 성적이 높기 때문에 의대를 선택하기도 합니다. 다른 과에 가기에는 그저 성적이 남는 게 아쉬워서 가장 커트라인이 높은 의대에 진학합니다. 한 의대에서 본과 3학년에 재학 중인 학생 88명을 대상으로 의대에 입학한 이유를 설문 조사했습니다. 그들이 의대에 온 이유는 다양했지만 그중 30명이나 단지 수능 점수가 잘 나왔기 때문이라고 답했습니다.

✚

'그래서'가 아니라 '그럼에도 불구하고'

의대에 가고 싶다면 먼저 자신에게 물어야 합니다. "나는 왜 의사가 되고 싶은가?" 남들이 말하는 안정성이나 사회적 지위 때문인가요? 아니면 누군가를 살리고 싶다는 진심 어린 열망 때문인가요? 혹은 그저 성적이 좋아서, 혹은 남들이 부러워하는 직업이기 때문인가요?

챗지피티의 등장으로 우리는 무엇이든 질문하면 답을 구할 수 있는 시대를 살고 있습니다. 이 시대에 답을 얻는 것보다 중요한 것은 올바른 질문을 던지는 것입니다. 그 질문이 내 삶을 어디로 이끌지 결정합니다.

의사가 되는 길은 결코 쉽지 않습니다. 의대는 6년 이상 다녀야 하고, 의사가 되고 나서도 끝없는 공부를 해야만 살아남을 수 있습니다. 때로는 밤에도 응급실로 달려가야 하는 등 일과 삶이 분리되지 않기도 합니다. 그러나 "왜 이 길을 가야 하는가"에 대한 답이 뚜렷한 사람은 이런 힘든 시간을 보내면서도 의대라는 목표를, 의사라는 직업을 포기하지 않습니다. 그들은 다른 사람들보다 더 행복하게, 더 의미 있게 이 일을 할 수 있습니다. 그러니 의사라는 직업은 '그럼에도 불구하고' 하고 싶은 일이어야 합니다.

의대에 입학하려는 여러분에게 다시 묻습니다. 여러분은 어떤 의사가 되고 싶은가요? 의사가 되려는 이유가 타인의 기대 때문이 아니라, 여러분의 진심에서 비롯되었나요?

우리는 평생 일하며 살아갑니다. 평생 하는 일을 즐겁게 하려면 먼저 그 일이 내 진짜 소명인지 물어야 합니다. 질문에 대한 대답이 분명할수록, 그 길은 더 의미 있고 단단한 길이 될 것입니다. 그렇게 선택한 직업이 자신이 사랑하는 일이 된다면 인생을 살아갈 힘이 될 테죠. 부디 의대에 진학하려는 여러분이 평생 사랑하며 몸담을 수 있는 직업을 만나길 바랍니다.

헤매는 시간만큼
너의 꿈이 될 수 있다

의사라는 꿈을 스스로 선택해야 하는 이유

고등학생 때 의사의 삶을 충분히 조사하고 깊이 고민한 끝에 의대에 가겠다고 목표를 세우는 것은 사실 매우 어렵고 드문 일입니다. 10대 후반에 자신이 어떤 사람이고, 어떤 직업을 가지는 것이 좋은지 확신하는 사람은 거의 없습니다. 그러니 이 시기에 숙고를 거쳤든, 단순하게 결심했든 의사라는 최종 종착지를 향한 관문인 의대에 가겠다고 정하는 것은 인생에서 매우 큰 결정입니다.

고등학생이던 저의 목표는 의대가 아니었습니다. 그때의

목표는 그저 성적이 잘 나오는 것이었을 뿐, 뚜렷하게 진로를 고민하지는 않았습니다. 사실 아무 생각이 없었던 것이죠. 솔직하게 말하면 그냥 수능 성적이 높게 나왔고 성적이 잘 나온 친구들이 의대를 쓰는 분위기여서 그 분위기에 휩쓸려 덜컥 의대를 왔습니다. 약간 '폼 나는' 듯했던 것도 사실입니다. 그러나 의대에서의 삶은 막연히 알고 있던 폼 나는 것과는 많이 달랐습니다. 전문의가 되기 위해서는 10년 이상 험난한 시간을 보내야만 했고, 전문의가 되어 겪는 의사의 삶도 다이나믹하고 멋지기보다는 수술실에서 하루하루 견뎌내야 하는 일들이 더 많았죠.

✚

때로는 잘못 탄 기차가 목적지로 데려다 준다

의대는 의사가 돼 인생의 대부분을 환자를 치료하는 데 보내거나, 의학 발전에 기여하려고 공부할 각오를 한 사람이 가는 곳이지, 저처럼 단순히 성적이 좋아서 가는 곳은 결코 아니었다는 걸 입학하고 나서야 깨달았습니다. 그래서 공부하고 수련받는 긴 시간을 저는 스스로에게 왜 의대를 선택했는지 계속 물을 수밖에 없었습니다. 그리고 제가 수능을 치르고 난 후에 내린 그 빠르고 단순한 결정을 결국 아무 생각

없이 했다는 사실을 스스로 받아들이는 데 무려 10년 이상 걸렸습니다. 어린 날 무지하고 철이 없었던 제 자신과 화해하는 데 그만큼의 시간이 걸린 것이죠.

지금 뚜렷한 이유 없이 막연히 의대에 가고 싶다는 생각으로 공부를 하고 있다면, 조금 더 선명하게 자신을 들여다보기 바랍니다. 의대생들 중에는 어린 시절 아파서 병원에 입원했을 때 만난 의사에게서 깊은 인상을 받았거나, 언젠가 가족이 병에 걸리면 치료해 주고 싶어서 의사가 되겠다고 말하는 경우가 있습니다. 혹은 부모나 다른 가족이 의사여서 자신도 자연스럽게 따라가는 경우도 있습니다. 아마 가장 가까이에서 관찰하며 의사라는 직업을 좋게 보았거나, 가업을 잇는 게 익숙하고 안정적인 선택이라고 생각했을 수도 있죠. 환자를 치료하는 가족의 삶에서 영감을 받을 수도 있고요.

때론 자신만의 매우 선명한 목표를 말하는 의대생들도 있습니다. 의학과 생명공학을 배워서 신약을 개발해 인류에 기여하거나, 의료 시스템이 낙후된 개발도상국, 최빈국에 가서 의료 봉사를 하면서 살고 싶다는 것입니다.

저는 목표가 무엇이든 의대를 선택할 때는 선명하고 자기 주도적인 확신이 있어야 한다고 생각합니다. 그러나 안타깝게도 여전히 자녀의 자발적인 결심이 아니라 부모의 권유로 등 떠밀리듯 의대 진학을 결정하는 경우가 많습니다.

의대라는 목표보다 소중한 너에게

공부만 하기도 바쁜 10대 후반이라고 할지라도, 인생의 큰 결정을 부모나 다른 사람의 바람에 떠밀려서 결정하는 것은 바람직하지 않습니다. 의대는 6년 이상 다녀야 하고, 의사라는 직업 외에 다른 길로 전환하기가 어렵고, 졸업 후에도 5년 이상 힘든 트레이닝을 받아야만 하기 때문입니다. 즉 전문의가 되기로 방향을 정하면 최소 10년 이상 필요합니다.

이렇게 중요한 결정을 스스로 하지 않고 부모나 다른 사람의 권유에 의해서 따라가게 되면 의대에 입학한 직후, 혹은 의사가 되고 난 직후 자신과 맞지 않는다는 것을 깨닫고 그들을 원망하게 되거나, 의사가 아닌 직업으로 전환하기 위해 여러 시행착오를 거쳐야 할 수도 있습니다. 그러나 꿈을 스스로 결정한 사람은 이런 후회가 적습니다. 또 의대가 적성에 맞지 않더라도 자신이 삶의 주인이 되어 다른 진로를 찾을 수 있습니다.

저 역시 막연하게 의대를 선택한 10대의 저를 받아들이기까지 무려 10년 이상이 걸렸습니다. 돌이켜보니 인생은 크고 작은 결정들에 의해서 삶의 방향을 정하는 것이더군요. 그러니 결정을 주체적으로 할 때 자신의 인생을 원하는 방향으로 이끌 수 있습니다. 결정하는 것도 시행착오와 연습이 필요합니다. 단번에 좋은 선택을 할 수는 없습니다. 나름대로 많은 고민을 하고 주체적으로 결정을 해야 다음에 더 좋은 결정을 할 수 있습니다. 의대 진학도 마찬가지입니다. 이렇게 저의 어린 시절 경솔한 선택까지 고백하며 강조하는 이유는 여러분이 부디 의대라는 꿈을 스스로 선택해서 이루고, 행복하길 바라기 때문입니다.

다시 태어나도
의사가 될 수 있다면

부모의 꿈인가, 아이의 꿈인가

"선생님도 자녀를 의대에 보내고 싶으신가요?"

이 책을 읽는 많은 분이 제게 하고 싶었던 질문일 겁니다. 실제로 친구가 묻기도 했지요. 친구는 저도 의사고, 제 주변에 의사가 많으니, 저도 당연히 제 아이가 의사가 되길 바랄 거라고 생각했나 봅니다. 저는 웃으며 대답했습니다. "의대는 부모가 원한다고 보낼 수 있는 곳은 아니지. 아이 스스로 원해야 하고, 무엇보다 성적과 준비가 뒷받침되어야 가능한 곳이지."

　의대 열풍이 불면서 의사 부모는 어떻게 아이를 가르치는지 묻는 분들이 많습니다. 의사는 자녀도 의사로 키우고 싶어 한다는 고정관념 또한 있습니다. 하지만 실제로 주변 의사들의 반응은 다양합니다. 아이가 원한다면 적극 지원해 준다고 하는 경우도 있지만, 오히려 전망이 어두우니 말리고 싶다는 경우도 있습니다. 의사 엄마, 아빠가 "의사 일이 너무 힘들고 어렵다"라고 하소연하는 걸 듣고 자라면 오히려 "나는 절대 의사는 안 할 거다"라고 말하는 자녀도 있습니다.

✚

꿈과 행복은 동의어가 아닐지도 모른다

　어떤 직업이든 그 본질을 이해해야 하고, 자신의 성향이 맞아야 합니다. 본질이란, 앞·뒤·옆, 그리고 뒷모습까지 볼 줄 아는 것을 말합니다. 의사라는 직업의 한쪽 면만 보고, 예를 들어 '돈을 많이 버는 직업'이라고만 알고 선택한다면 다시 생각해 봐야 합니다. 소위 '고소득 의사'는 개인 병원이나 종합병원을 운영하는 일부일 뿐, 전체 의사를 대변할 수는 없습니다. 의료계 안에서도 격차가 납니다.

　20여 년 전 의대에 입학하고 난 후 선배에게 처음 들었던 조언이 아직도 기억이 납니다. "지금이라도 늦지 않았어. 다른 과로 전향해." 당시에도 의대는 모두가 가고 싶어 하는 곳이었는데, 선배는 왜 제게 다시 선택하라고 하는지 의아했습니다. 정작 선배 스스로도 포기하지 못하는 곳이 의대이면서도, 왜 이제 막 신입생인 저에게 그런 모험을 권했을까요. 이제 와서 생각해 보면, 그만큼 의사가 되는 길은 멀고 험하며, 결코 쉽지 않다는 의미였습니다.

매일이 치열하지만 행복한 이유

의대 졸업까지 평균 6년, 전문의 수련 과정까지 추가하면 3년에서 4년이 더 필요합니다. 의사가 되기까지 짧아도 10년 이상 걸립니다. 그 시간은 결코 마냥 흘러가는 것이 아닙니다. 매일 매 순간, 치열하게 살아야 합니다. 끝없는 공부와 고된 훈련을 해야 하는 건 물론, 응급 상황이 벌어지면 새벽에도 달려나가야 하고, 당직도 서야 하는 등 자신의 일상을 희생하는 것이 반복됩니다. 퇴근도 따로 없습니다. 병원 밖을 나선 뒤에도 환자 관리에 신경을 써야 하고, 집에 돌아가서도 공부하는 게 비일비재합니다.

✚

결국은 사람을 사랑하는 일

의사가 되는 길이 힘들지만 계속해서 이 길을 걸어가는 이유는 각자 다를 것입니다. 저는 이 직업에 큰 보람을 느낍니다. 그래서 주변에 의대를 가고 싶어 하는 아이가 있다면 적극 추천합니다. 단지 높은 소득 때문만은 아닙니다. 의사의 삶에는 다른 직업에서는 경험하기 어려운 순간들이 있습니다. 죽음의 문턱에 선 환자를 끝까지 간절하게 지켜보며 돌보는 일, 보호자와 함께 환자의 회복을 바라는 마음, 동고동락을 함께하는 동료 의사, 간호사와 한마음 한뜻으로 심폐소생술을 하며 환자의 심장이 다시 뛰기를 기도하는 순간, 그리고 마침내 환자가 살아났을 때, 모든 피로와 어려움이 한순간에 사라집니다. 이 보람이야말로 제가 이 길을 계속 걷는 이유입니다.

✚

부모가 줄 수 있는 가장 큰 선물

아이 스스로 의사가 되고 싶어 한다면, 박수 치고 환영할 일입니다. 하지만 부모가 등 떠밀어 의대에 들어가도록 종용할 정도의 직업은 아닙니다. 부모가 해줄 수 있는 가장 큰 선물은 직업을 강권하는 것이 아니라, 아이 스스로 선택할 수 있는 힘을 키워주는 것입니다. 그 선택이 의사이든, 다른 길이든 자부심을 가지고 걸어갈 수 있도록 지켜봐줘야 합니다. 세상은 빠르게 변합니다. 우리 부모 시대에 환영받았던 직업이 10년 뒤, 20년 뒤에도 살아남아 있을지는 알 수 없습니다. 유튜버가 이렇게 모든 이의 선망의 대상이 될 줄 누가 알았겠습니까. 부모라면 아이가 세상 속에서 자기 자리를 찾는 법을 알려주는 것이 더 중요합니다.

저는 제 아이가 어떤 직업을 택하든, 그 일을 사랑하며, 후회 없이 살아가기 바랍니다. 여러분의 자녀도 마찬가지이기를 바랍니다. 일하면서 세상을 더 따뜻하게 보고, 사람을 사랑하는 법을 배우면 좋겠습니다. 의사가 되어도 좋고, 그렇지 않아도 괜찮습니다. 아이의 인생은 아이 것이니까요.

꿈은 내가 스스로
정해야 한다

부모와 아이가 함께 알아야 할 의사의 빛과 그림자

많은 부모가 자녀들이 의대를 가기 바랍니다. 학생들은 다양한 이유로 의대에 가고 싶어 하지만, 부모들이 자녀들을 의대에 보내려는 마음은 대부분 경제적인 이유 때문입니다. 부모는 자녀에게 의사가 되면 사회에서 존경도 받고, 돈도 많이 벌고, 어디 가서 굽신거리거나 아쉬운 소리하지 않아도 될 것이라고 말합니다. 또 유명한 의사가 되면 정치, 경제, 문화 등 다양한 영역에서 여러 전문가와 만날 수 있을 것이고 이를 기반으로 다양한 기회가 주어질 것이라고 말하기도 합니다. 연애나 결혼 또한 잘할 것이라고 부추기기도 합니다. 의사만큼 어려운 사람을 도와줄 수 있는 좋은 직업도 없다고 말하기도 합니다.

그러나 이런 말들은 자녀를 의대에 가도록 설득하는 말이지, 가장 중요한 핵심은 아닐 겁니다. 부모가 가장 중요하게 생각하는 것은 무엇보다 의사의 직업적인 안정성입니다. 그리고 그 다음은 사회적 위치일 것입니다.

공부를 잘하면 의사가 되는 것이 맞을까?

직업이 의사가 아닌 부모의 경우, 의사라는 직업의 장점이 크게 보일 것입니다. 개인 사업자는 수입이 일정하지 않아 경제적인 불안감에 시달려본 적 있을 것이고, 직장인은 회사 생활의 고충과 박봉에 고달파 해 본 적 있을 것입니다. 서비스업 종사자는 고객의 갑질에 괴로워했을 수도 있죠. 그래서 경제적 안정성도 크고, 사회에서 높은 지위에 놓이는 의사라는 직업의 장점이 부모에게는 자녀가 의사가 되길 바라는 이유일 것입니다. 게다가 자녀가 공부를 꽤 잘하기라도 하면 아이에게 의사가 되는 것이 낫겠다고 권하기도 쉽지요. 자녀가 의대에 들어가게 되면 부모가 주변의 좋은 평판을 얻는 훈장까지 덤으로 얻습니다.

의사 부모가 자녀를 의대에 권하기도 합니다. 하지만 자녀들이 앞으로 겪어야 하는 수련 과정, 업무 강도, 스트레스 등을 잘 알기에 강권하는 경우는 드뭅니다. 한 통계에 의하면 자신이 학창시절로 돌아갈 수 있다면 다시 의사를 선택하겠다는 의향은 63.1퍼센트였지만 자녀에게 추천하겠다는 의향은 48.8퍼센트 정도였습니다. 그런데도 권유하는 이유는 경제적 이유보다 사회적 위치 때문일 때가 많습니다. 의대 교수의 경우 자녀에게 의사를 추천하겠다는 응답이 60.4퍼센트였습니다.[*] 부모가 의대 교수라면 자녀가 자신처럼 존경받는 학자의 삶을 살길 바라기 때문이라고 생각합니다.

✚

돈, 안정감, 명예 말고 진짜 중요한 것

가족이 의사인 경우를 제외하고는, 부모들 대부분은 실제로 의사가 어떤 삶을 살게 될지 모르는 경우가 많은 상태로 자녀에게 의사라는 직업을 권하기 때문에 문제가 발생합니다. 보통 의사가 되면 경제적으로 크게 힘들지 않게 살 수 있

---

[*] 〈2020 전국의사조사〉, 대한의사협회 의료정책연구소, 2021.1.10.

습니다. 정년 보장이 어려운 직장인들과 달리 퇴직 압박에서 비교적 자유로운 것도 사실입니다. 전문직 특성상 다니던 병원을 그만두더라도 이직하기 쉽고, 개업을 할 수도 있습니다. 이런 안정성은 현재까지도 굳건한 것처럼 보이고 한순간에 그것이 바뀌지는 않을 것처럼 보입니다.

그러나 의사의 안정성은 앞으로 시대와 정책의 변화로 과거와는 양상이 많이 달라질 것으로 보입니다. 다른 직업들도 마찬가지이지만 영원히 안정적인 직업은 점차 사라져가고 있습니다. 특히 면허 제도 때문에 정부가 컨트롤할 수 있는 직종은 정책에 따라 많은 영향을 받습니다. 고소득 직종으로 잘 알려져 있는 변호사 업계도 사법시험이 폐지되고 로스쿨이 생기며 변호사 수가 크게 증가하면서 지금 변호사들은 과거에 비해서 매우 치열한 경쟁을 해야 살아남을 수 있습니다. 그로 인해서 직종 내에서 뚜렷한 양극화가 발생하게 되었습니다.

의사도 앞으로 마찬가지가 될 것으로 보이고 이미 시작되었다고 생각합니다. 의대에 가기 위해서 엄청난 경쟁을 했지만, 의대에 들어와서도 성적을 잘 받기 위해서 경쟁을 하게 될 것이고, 선호하는 전문과를 가기 위해서도 경쟁을 할 것입니다. 당연히 그것으로 끝나지 않습니다. 양극화가 심해진 의료계에서도 안정성과 고소득을 유지하기 위해서는 지속적인 노력으로 경쟁적 우위를 차지해야만 그 위치를 유지할 수 있을 것입니다.

또 현재 인공지능 기술이 변화하는 속도는 모든 지식 노동자의 자리를 위협하고 있습니다. 의사도 예외가 아닙니다. 1차 의료 기관에서 잘 정리된 가이드라인에 따라서 만성질환을 관리하는 의사도 있고, 대학병원에서 희귀선천질환의 고난이도 수술을 하는 의사도 있습니다. 인공지능이 발전하면 비교적 단순한 업무를 하는 의사의 입지는 점차 줄어들 것입니다. 이런 변화는 의사의 소득에 반영될 것입니다. 그래서 고위험, 고강도의 의료 행위를 하는 의사들의 수입은 더 높아지는 양극화가 생길 것입니다. 따라서 앞으로 의사가 되면 자동으로 고소득이 보장되기는 어렵고 의사라는 직종 안에서도 경쟁이 치열해질 것입니다.

제가 이렇게 이야기해도 "그래도 다른 직업보다 의사가 그나마 낫지 않겠어?"라고 말할 수 있습니다. 그러나 의대에 들어가기만 하면 자동으로 순탄한 삶이 만들어지지는 않습니다. 부모가 단순히 지금 의사의 경제적 안정성만을 보고 자녀에게 의대를 가라고 권하는 것은 근시안적이라고 생각합니다.

의원, 보건소, 보건지소, 보건진료소 등 단일 과목을 진찰하는 의원, 30병상 미만이어야 합니다. 1차 병원이라고도 합니다. 2, 3차 병원으로 구분됩니다.

＋

환상을 보지 말고 현실을 봐야 한다

자녀에게 의대를 가라고 권하기 전에 부모가 먼저 의사라는 직업에 대해서 몇 가지 알고 있어야 하는 것이 있습니다.

첫 번째, 의사는 아픈 사람, 즉 환자를 마주하는 직업입니다. 인생은 문제와 고통의 연속이고, 사람들은 그것을 해결하기 위해 노력합니다. 그런데 (의사인 제게) 인생에서 가장 중요한 것은 건강이고, 질병은 인생의 가장 큰 고통입니다. 사실 아픈 사람을 매일 만나고 그들의 고통을 듣고 해결하려는 일은 보통의 정신력으로 하기 쉽지 않습니다. 예를 들어 항상 정신적인 고통을 호소하는 환자들을 마주하는 정신건강의학과 의사들은 환자들의 문제를 해결하면서도 자신의 정신 건강을 굳건히 지켜야 합니다. 그들은 많은 환자의 우울감, 자살충동, 중독, 불안감 등을 매일 감당해야 합니다.

또 완치가 불가능한 진행성 암 환자들에게 항암 치료를 하는 종양내과 의사들은 환자들의 죽음과 매일 마주하며 살고 있습니다. 현재 전이성 암의 대부분의 경우는 완치가 불가능하며, 항암 치료나 방사선 치료를 통해서 여명을 연장시키고 있습니다. 따라서 종양내과 의사가 진료하는 암 환자들은 언제나 죽음과 마주하며 살아가고 있으며, 그들에게 더 이상의 치료가 의미가 없을 때까지, 또는 사망할 때까지 종양내과 의사는 그 환자들을 진료합니다.

소아청소년과 의사는 어떠할까요? 언뜻 보면 소아청소년과 의사가 어린이들을 진료하니 어른을 진료하는 것보다 다소 즐거운 의료 행위를 한다고 오해할 수 있습니다. 그러나 소아청소년과 전문의가 되기 위해서는 대학병원에서 수련을 받아야 합니다. 즉 대학병원에 오는 심각한 질환의 소아청소년 환자를 보아야 한다는 뜻입니다. 수련 과정 중에 신생아 중환자실, 소아중환실에서 근무를 하며, 소아응급실을 지켜야 합니다.

노인들의 질병을 치료를 하는 것은 소아청소년의 질병을 대하는 것보다 사실 난이도가 쉬운 일입니다. 이미 여러 장기의 기능이 떨어져 있으며, 자신의 의학적 문제를 잘 알고 있는 노인에게 질병의 치료 과정과 생겨날 수 있는 나쁜 결과를 설명하는 것은 그렇게 어렵지 않습니다. 그러나 이제 겨우 인생을 시작하는 소아청소년의 질병을 아이와 그 부모, 가족들에게 설명하기는 보통 어려운 것이 아닙니다. 그리고 그 질병의 나쁜 예후를 아이에게 납득시키는 것은 어떻게 보면 의사가 할 수 있는 가장 고통스러운 일이 아닐까 생각합니다. 인간의 운명이라고 받아들일 수 없는, 그런 특수한 의학적 상황을 매일 마주하면서, 매일 환자들과 고민하는 사람들이 의사입니다.

예로 든 정신건강의학과, 종양내과, 소아청소년과 외에도
환자를 마주하는 대부분의 임상의사들은 아픈 사람들, 그리
고 그 질병을 받아들일 수 없는 많은 환자를 만나며 살아가
고 있습니다. 환자들 대하기 편하고, 위험 부담도 없고, 수입
이 큰 의사들은 거의 없거나, 있다고 하더라도 극소수일 뿐
입니다. 이처럼 의사는 고통스러운 상황, 아픈 사람들, 피해
갈 수 없는 죽음을 마주하는 직업입니다. 극단적으로 고통스
러운 의학적 상황, 사회경제적으로 가장 힘든 사람들을 접하
고, 상상할 수 없는 리스크들 속에서 스트레스를 받는 경우
가 많습니다. 실제로 이런 어려움 때문에 전공의 수련 도중
에 그만두거나, 환자를 마주하지 않는 진료과로 변경을 하는
경우도 많습니다.

두 번째, 의사는 첨단 기술을 개발하거나 창조적인 실험을
하는 일과는 거리가 멀기 때문에 자녀의 성향이 매우 창의적
이고 도전적이라면 의대에 입학하고 좌절할 수도 있습니다.
의료 행위는 환자의 인체에 직접 치료를 해야 하기에 가장
안전하고 보수적인 결정을 내려야 합니다. 따라서 실험적인
일을 쉽게 할 수 없으며 신기술이 임상 현장에 도입되는 시
간도 오래 걸립니다. 의료는 첨단 기술이 개발되자마자 바로
적용되는 트렌디한 그런 곳이 아닙니다. 전 세계적으로 기술
분야는 빠르게 발전하고 있고, 혁신을 만들어내기 위해서 도

전하는 젊은이들이 많습니다. 이에 비해서 의료 현장은 역동적이라고 하기는 다소 어렵습니다. 자녀가 도전적인 성향인데, 첨단 기술을 흥미로워한다면 의사가 맞지 않을 수 있습니다.

물론 의사들도 연구 개발을 하지만, 진료에 더 많은 시간을 보내기 때문에 생명과학 분야에서 근원적인 연구 결과를 내기는 쉽지 않습니다. 자녀가 연구를 좋아하는 성격이라면 과학기술 분야의 교수나 연구자의 삶이 더 어울립니다. 의사 대부분은 하루 종일 진료실에서 수많은 환자를 대면하고 진료를 하는 반복적인 일을 하고 있습니다.

세 번째, 의사는 국가가 통제하는 의료 시스템 안에서 일하는 사람이라는 것을 알아야 합니다. 많은 사람이 의사라는 직업을 환자와 일대일로 마주하는 모습으로만 생각합니다. 의사는 환자를 치료하지만 의료 시스템과 지불 제도는 정부의 통제 하에 있습니다. 따라서 의사들이 시행하는 수술, 진료, 약품 등 가격의 대부분이 정부가 정한 관리 체계 안에서 정해집니다. 각 나라마다 의료 시스템에 조금씩 차이가 있지만 국가는 의료 비용을 억제하면서 보편적인 의료 서비스를 국민이 누릴 수 있도록 정책을 만들어갑니다. 거시적 관점으로 가성비 높은 의료 정책을 만드는 정부와 진료실에서 마주한 환자에게 비용이 많이 들더라도 최선의 치료를 해야 하는 의사 사이에는 갈등이 끝없이 생길 수밖에 없습니다. 의학이라는 학문은 발전하고 있지만, 국가의 의료 시스템은 비용 대비 효과적인 것을 추구할 수밖에 없기에 의료 현장에서는 많은 모순이 발생합니다. 다소 어려운 내용이지만, 나중에 자녀가 의사가 되었을 때 의사의 삶을 힘들게 하는 많은 부분이 여기에 있습니다. 예를 들면 소위 '3분 진료'[*], 응급 의료 붕괴, 지방 의료 붕괴, '병원 쇼핑'[**] 등의 문제들이 현재 우리나라의 의료 시스템이 가진 문제입니다. 만일 자녀가 의사가 되려는 생각이 있다면, 의사는 단순히 환자만 잘 치료한다고 되는 것이 아니라 의료 시스템의 모순과 변화를 마주해야 한다는 것쯤은 잘 알려주시면 좋겠습니다.

성적, 등급, 등수 대신 성격, 취미, 가치관

부모가 자녀에게 의대 진학을 권하기 전에, 먼저 의사라는

---

[*] 진료부터 처방, 검사 등의 일련의 과정을 3분 안에 끝내는 것을 말합니다. 저수가와 과중한 환자 수 때문에 벌어지는 박리다매식 진료를 의미하는 표현입니다.

[**] 환자가 여러 병원과 의사를 방문해 같은 질환이나 증상을 치료받는 것을 부정적으로 가리키는 표현입니다.

직업을 충분히 조사하고 고민해야 합니다. 부모는 자녀의 성향을 잘 살피고, 자녀가 가진 생각을 많이 듣고 서로 교감하면서 함께 결정해야 합니다. 의사인 제가 이렇게 다른 학과보다 의대 진학을 더욱 신중하길 강조하는 것은 여전히 의대 대부분이 오직 의사가 되는 길이 전부인 것처럼 교육 프로그램을 구성하고 있기 때문입니다. 따라서 의대 진학 후에 이 길이 자신과 맞지 않다는 것을 깨닫더라도, 다른 진로로 바꾸기가 쉽지 않습니다. 대학교를 새로 들어가는 것도 어렵지만 의대에 진학해서 공부하기 시작하면 일종의 매몰 비용이 발생하게 되는 것이죠. 그래서 공부를 할수록 더욱 다른 분야로 가기가 어려워집니다.

그러나 당사자가 의사라는 직업의 이런 그림자를 알게 되는 시점은 이미 의사가 되기 위해 많은 시간 수련을 받은 이후입니다. 그래서 자녀가 부모의 바람에 의해서 의대를 가게되었을 때, 부모와 자녀 간에 갈등이 생길 수도 있습니다. 부모가 자녀의 적성을 완전히 알기도 어렵고, 부모가 자녀의 삶을 완전히 책임질 수도 없습니다. 미래에 어떤 분야가 유망할지도 모릅니다. 자녀 교육의 목표는 완전히 독립적인 인간으로 성장시키는 것이기에 대학교와 직업을 선택할 때, 자녀가 주도적인 결정을 할 수 있도록 부모는 지지해 주는 것이 맞습니다. 아무리 의대 열풍이라고 하지만, 그것은 어디까지나 현시대의 상황이 만든 흐름이고 미래를 결정해야 할 지금 우리 자녀들에게 모두 꼭 맞게 적용되지는 않습니다.

부모는 자녀들이 좋은 직업을 가지고 행복한 삶을 살아가길 원합니다. 하지만 행복은 단순히 경제적인 안정성과 사회적 위치만으로 도달하기는 어렵습니다. 자녀들이 스스로 원하는 삶을 만들어갈 때 가능한 일입니다. 그러니 이 책을 읽고 계실 부모님께 부탁드립니다. 부디 자녀와 함께 어떤 의대를 갈지, 어떤 의사가 될지 고민해 달라고요. 이제라도 자녀에게 의사가 잘 어울릴지 아이와 함께 눈 맞추며 고민해 주세요.

내가 꿈을 펼칠 의대는
어떻게 정할까?

의대 선배가 알려주는 의대 선택 기준 4가지

의대 진학을 꿈꾸는 학생들 대부분은 소위 '메이저' 의대를 원합니다. 일부는 정보를 잘 몰라서 그저 집에서 가까운 의대를 막연한 목표로 삼곤 합니다. 즉 정작 전국의 의대가 어디에, 얼마나 있는지, 각 의대가 어떤 역사와 특징을 지니고 있는지 깊이 아는 경우는 드뭅니다. 사실 이는 단순히 인터넷 검색으로 해결될 정보의 문제가 아닙니다. 더 중요한 것은 수많은 의대 중에서 내가 그리는 미래에 맞는 곳을 어떤 기준으로 선택할 것인가에 대한 진지한 고민입니다.

이 글을 쓰면서 단순히 전국의 의대 서열을 나열할 생각은 없습니다. 의사로서, 그리고 의학 교육에 몸 담은 교수로서, 학생들이 자신의 미래를 그려나갈 최적의 교육 환경을 선택할 수 있도록 실질적인 기준과 관점을 나누려고 합니다. 의대의 정원, 규모, 역사, 교육 철학, 배후 병원의 역량 등은 앞으로 6년간의 학업은 물론, 여러분이 평생 의사로서의 정체성을 형성하는 데 매우 중요한 영향을 미치기 때문입니다.

✚

역사와 전통이 깊은 의대들

우리나라의 의대는 총 40개입니다. 총 정원은 2024년 기준 3,058명입니다. 매년 국가 시험의 합격률이 95퍼센트 정도이나 연간 2,900명 정도의 의사가 의대를 졸업하고 의사 면허를 획득합니다. 우리나라 최초의 의대는 1886년 개설된 제중원 의학당입니다. 이때 전국에서 16명의 학생이 선발되어 그 중 12명이 본과로 진급했습니다. 이들이 우리나라 첫 번째 의대생인 것이죠. 하지만 지금 있는 의대 중 첫 번째 설립된 의대가 제중원 의학당이라고 답하기는 쉽지 않습니다. 아직까지 우리나라 최초의 의대가 어디인지, 그리고 뿌리가 어떤 의대로 이어지는지 서울대학교 의대와 연세대학교 의대 사이의 논쟁이 뜨겁기 때문인데요. 미국 출신 선교사 알렌Horace Newton Allen이 세운 우리나라 최초의 서양식 병원 광혜원(이후 이름을 제중원으로 변경)의 명맥이 어디로 흐르는가에 따라서 해석이 달라질 여지가 있습니다. 우리나라 최고의 의대인 서울대학교와 연세대학교는 아직도 어느 학교가 먼저인지를 두고 치열하게 다투고 있습니다.

일제강점기 조선총독부는 1926년 설립된 경성제국대학 의학부에 이어 1933년 평양의학전문학교와 함께 대구의학전문학교를 인가했습니다. 이는 경북대학교 의대로 이어집니다. 이후 전남대학교, 이화여자대학교, 부산대학교, 가톨릭대학교 순서로 의대가 설립됩니다. 고려대학교 의대는 독특한 역사를 가지고 있는데, 1928년 로제타 홀Rosetta S. Hall이 설립한 조선여자의학강습소를 그 원류로 하고 있습니다. 이후 조선여자의학강습소는 경성여자의학전문학교로 이어지고 서울여자의과대학, 수도의과대학으로 개칭되었다가 우석대학교 의대가 되었습니다. 그러다 1971년 고려대학교에 합병되어 고려대학교 의대가 됩니다.

이런 의대의 역사와 연혁은 학교의 전통과 직결되어 있기 때문에 의대들 사이에서 의외로 자주 논쟁이 벌어질 만큼 민감한 부분입니다. 참 흥미롭지요? 1960년대에 설립된 비교적 오래된 의대는 경희대학교, 조선대학교, 한양대학교, 충남대학교이고, 전북대학교, 중앙대학교도 50년 이상의 역사를 자랑하는 명문입니다. 이후 의대들은 1970년대 후반에서 초반, 1980년도 후반에서 1990년도 초반, 1995년에서 1998년 사이 총 세 번의 시기에 걸쳐서 설립이 됩니다. 가장 나중에 생긴 의대는 제주대학교 의대로 1998년 설치되었습니다.

정원이 많은 곳이 좋을까?

의대의 크기는 정원이 기준입니다. 우리나라는 크게 100명 이상의 정원을 가진 대규모 의대, 50명에서 100명 사이 정원인 중규모 의대, 50명 미만인 소규모 의대로 분류할 수 있습니다. 의대의 규모는 의외로 중요한 요소인데 입학의 난이도나 교육의 질, 경영 상태 등과 직결돼 있기 때문입니다. 의대의 대부분은 자체 등록금 수입으로는 유지가 어렵습니다. 의대를 운영하려면 많은 교수를 채용해야 하는데 다양한 기초 분야와 점점 더 세분화되는 임상 학문에 대한 교육을 유지하려면 최소한 100명 이상의 교수를 확보해야 합니다. 교수들의 임금과 연구비, 교실 운영비 등을 모두 충당하려면 의대생들의 등록금으로는 턱없이 모자랍니다. 그렇기 때문에 의대 대부분이 자대(본교)의 배후 병원과 밀접한 관계를 맺고 있습니다. 어떻게 보면 각 의대는 사실 병원이 본체이고 의대는 거기에 따라간다고 할 수 있을 정도입니다. 다시 말하면 각 의대의 배후 병원 규모와 의대의 정원에 따라서 교육에 필요한 기초의학 교실의 정원이 결정되는 경우가 많기 때문에, 교육의 질도 정원의 규모에 따라 크게 영향을 받습니다.

일반적으로 정원이 많다는 것은 그만큼 교수진의 규모가 크고, 동문 네트워크가 넓으며, 학사 운영이 안정적일 가능성이 높다는 의미입니다. 하지만 단순히 정원이 많을수록 교육의 질이 높다고 단정짓기는 어렵습니다. 반례가 있기 때문이지요. 의학 교육의 질은 정원 규모 외에도 교육 커리큘럼의 우수성, 배후 병원의 임상 수준, 연구 환경 등 복합적인 요인에 의해 결정됩니다. 또 우리나라 의대 정원은 앞으로 정부의 정책에 따라 인원이 크게 달라질 여지가 있습니다.

전통적으로 정원이 100명 이상이었던 서울대학교, 연세대학교 등 주요 대학교들과 지역거점국립대학교들은 오랜 역사 속에서 안정적인 교육 시스템과 폭넓은 동문 네트워크를 구축해 왔다는 장점이 있습니다. 반면, 정원이 40명에서 50명 내외인 소규모 의대도 그 나름의 강점을 지닙니다. 의대생 수가 적어 교수와 학생 간의 긴밀한 상호작용이 가능하며, 보다 가족적인 분위기에서 교육이 이뤄질 수 있습니다. 특히 성균관대학교나 울산대학교 의대처럼 정원 규모는 작지만, 삼성서울병원, 서울아산병원이라는 국내 최상위권의 수련 병원을 기반으로 수준 높은 임상 교육과 뛰어난 연구 성과를 보여주는 사례도 있습니다. 따라서 정원 규모는 여러 선택 기준 중 하나로 고려하되, 절대적인 잣대로 삼기보다는 각 의대의 교육 철학과 시스템, 배후 병원의 역량 등을 종합적으로 살펴봐야 합니다.

의대에도 교실이 있다?

의대는 '교실'이라는 독특한 제도를 가지고 있습니다. 교실이라고 하면 초등학교나 중학교에서 반을 나누는 공간으로 생각할 수도 있지만, 의대에서 교실은 과나 부서의 개념입니다. 의대는 교육 과정에 따라 꼭 배워야 하는 학문이 존재합니다. 기초의학에는 해부학, 면역학, 병리학, 미생물학, 생화학, 생리학, 예방의학 등이 있고, 임상의학에는 내과학, 외과학, 산부인과학, 소아과학 등이 있습니다. 이런 과목들을 가르치는 의대 분과를 우리나라에서는 교실이라고 합니다. 예를 들어 미생물학을 가르치고 연구하는 교수들이 모여 있고, 그들이 한 강의를 구성하고 있다면 이를 미생물학 교실이라고 말합니다. 의학 드라마에서 주임 교수님이나 과장님을 모시고 전공의와 다른 교수들이 함께 병실을 회진도는 모습, 많이들 보셨을 텐데요. 이런 임상과가 의대에 적용된 모습이 교실이라는 문화라고 생각해도 됩니다.

의대 교실마다 독특한 문화가 존재하고, 학풍이 이어져 내려옵니다. 특히 의대는 경험주의적이고 스승에서 제자로 전수되는 학문이라는 개념이 아직도 유지되고 있기 때문에 교실은 의대에서 중요한 단위 조직입니다. 규모가 크고 전통 있는 의대에서는 10명 이상의 정규 교원이 한 교실에 소속되어 있지만, 정원이 작거나 기초의학 교원 충원이 힘든 의대에서는 교수 한 명이 교실을 운영하는 상황도 발생합니다. 이런 경우 정상적인 의학 교육은 어렵다고 봐야겠지요.

✚

의대 선택 기준 1. 수도권 vs. 지역

이렇게 많은 의대 중에 어떤 의대를 가야 할지 고민인 여러분에게 몇 가지 기준을 제시할 수 있습니다. 다만 모든 의대가 겉으로 보이는 것 외에도 역사와 학풍 등 계량화할 수 없는 가치가 있고, 무엇보다 자신의 성향과 상황에 맞는 기준을 세워야 한다는 점을 잊지 말아야 할 것입니다.

첫 번째는 위치입니다. 우리나라의 수도권 집중 현상은 의료계에도 영향을 미치고 있습니다. 우수한 교수진, 풍부한 임상 및 기초의학 연구 환경 등 여러 측면에서 수도권과 지역 의대 간의 격차가 존재하는 것이 현실입니다.

하지만 이것이 지역 의대의 가치가 낮다는 의미는 결코 아닙니다. 지역거점국립대학을 포함한 여러 지역 의대들은 해당 지역 사회의 의료를 책임지는 매우 중요한 역할을 수행합니다. 이들 의대는 지역민의 신뢰를 바탕으로 안정적인 진료 환경을 갖추고 있으며, 지역 특화 질환 연구나 공공보건의료 분야에서 강점을 나타내기도 합니다. 또 수도권에 비해 상대적으로 낮은 물가와 생활비는 큰 장점이기 때문에 졸업 후 해당 지역에 기여하며 의료인으로서의 사명을 다하고자 하는 학생에게는 더할 나위 없이 좋은 선택지가 될 수 있습니다. 중요한 것은 막연히 수도권을 동경하기보다, 내가 어떤 환경에서 더 성장할 수 있고, 어떤 곳에 기여하고 싶은지 고민해 보는 것입니다.

✚

의대 선택 기준 2. 국립 vs. 사립

두 번째는 운영 주체입니다. 의대는 운영 주체에 따라 국립과 사립으로 나뉩니다. 서울대학교, 부산대학교 등은 국가가 운영하는 국립대학교이며, 연세대학교, 고려대학교 등은 학교 법인이 운영하는 사립대학교입니다.

국립 의대는 안정적인 국가 지원을 바탕으로 기초의학 교실이 튼튼하게 운영되는 경향이 있으며, 교육의 질이 비교적 표준화되어 있고 등록금이 저렴하다는 큰 장점이 있습니다. 다만, 예산 운용의 유연성이 낮아 교육 환경 개선이나 신규 병원 설립 등 과감한 투자가 어려울 수 있습니다.

사립 의대는 재단의 역량에 따라 그 특성이 매우 다양합니다. 재정적으로 튼튼하고 투자를 아끼지 않는 사립 의대는 최신 시설과 적극적인 연구 지원을 통해 빠르게 발전하며 세계적인 수준의 경쟁력을 갖추기도 합니다. 반면, 재단 운영에 어려움이 있거나 투자가 미흡한 경우 교육 환경이 상대적으로 열악할 수도 있습니다. 따라서 의대를 고려할 때는 운영 법인의 재정 건전성과 학교 발전에 대한 의지를 함께 살펴보는 것이 중요합니다.

의대 선택 기준 3. 배후 병원의 질과 규모

세 번째는 의대와 쌍을 이루는 배후 병원(대학병원)의 질과 규모입니다. 의학 교육은 병원에서의 임상 실습을 통해 완성

됩니다. 따라서 의대생들이 수련하고 교수들에게 가르침을 받는 병원의 수준은 의대를 선택하는 매우 중요한 기준입니다. 이 병원들을 설명하는 용어가 다양해서 먼저 설명이 필요합니다.

흔히 자대 병원이라고 불리는 부속 병원은 의대를 설립한 학교 법인이 직접 소유하고 운영하는 병원입니다. 협력 병원은 의대가 직접 소유하지는 않지만, 공식적인 협약을 통해 의대생들의 임상 실습과 전공의 수련을 책임지는 병원입니다. 교육 수련 병원은 부속 병원과 협력 병원을 포괄하여, 의대생과 전공의의 교육을 담당하는 모든 병원을 의미합니다.

예를 들어 울산대학교 의대의 경우, 법적인 부속 병원은 울산대학교병원이지만, 서울아산병원과 협력 병원 관계를 맺고 이곳에서 임상 교육의 대부분을 진행합니다. 의대를 선택할 때는 학생 교육을 실질적으로 책임지는 교육 수련 병원이 얼마나 높은 수준의 의료를 제공하고, 다양한 환자를 경험할 수 있는 대규모 병원인지가 중요합니다.

수준 높은 교육 수련 병원을 보유한 의대로는 소위 '빅 5' 병원(서울대학교병원, 세브란스병원, 서울성모병원, 삼성서울병원, 서울아산병원)과 연계된 의대들이 대표적입니다. 그 외에도 여러 상급종합병원을 운영하며 풍부한 임상 경험을 제공하는 고려대학교, 순천향대학교나 우수한 역량의 병원을 갖춘 아주대학교 등도 좋은 교육 환경을 제공합니다. 여러 병원을 보유한 의대는 졸업 후 진로 선택 시, 특히 인기 있는 진료과를 선택할 수 있는 기회가 더 넓어지는 장점이 있습니다.

의대 선택 기준 4. 의대와 배후 병원의 관계

마지막은 본교와 배후 병원의 관계입니다. 의대는 입시 성적이 높은 학생들이 입학하기 때문에 모두 수준이 높을 것이라는 생각은 일부만 맞습니다. 앞서 설명한 것처럼 의대의 수준은 배후 병원의 질과 강한 관계가 있기 때문에, 배후 병원에 본교가 얼마나 고급 인력을 공급할 수 있는지 여부도 살펴봐야 합니다. 서울대학교, 연세대학교, 고려대학교, 성균관대학교 등은 이런 조건을 만족하는 대표적인 의대입니다. 의대와 배후 병원이 함께 긍정적으로 상호작용할수록 양쪽 모두 대학원생이나 기초연구자, 의사 외 의료 인력의 수준이 높고 교육 수준과 병원의 질을 유지하기가 쉬워집니다.

지금까지 의대를 선택할 때 고려해 볼 만한 몇 가지 기준을 살펴보았습니다. 모든 의대는 저마다의 가치와 전통을 지니고 있으며, 이 기준들이 절대적인 우열을 의미하는 것은 아닙니다. 이런 정보들은 수많은 의대 중 어떤 곳을 선택해야 할지 막막할 때 길잡이로 삼을 수 있는 참고 자료일 뿐입니다. 큰 병원을 보유하고, 적극적인 투자를 하며, 수도권에 위치한 의대라는 것도 하나의 선택 기준이 될 수 있습니다. 하지만 더 중요한 것은 의대의 설립 이념이나 추구하는 가치가 나의 생각과 얼마나 잘 맞는지, 나의 가정 형편과 미래 계획에 부합하는지 등을 종합적으로 고려하여 '나' 자신에게 가장 최선인 학교를 선택하는 것입니다. 이 글이 여러분 각자의 기준을 세우고 후회 없는 선택을 하는 데 작은 도움이 되기를 바랍니다.

의사가 되고 싶다면
나를 먼저 알아야 한다

슬기로운 의대 생활을 위한 생존 전략 12가지

의대 6년은 긴 마라톤입니다. 지치지 않고 끝까지 완주하려면 단순히 공부만 잘하는 것으로는 부족합니다. 고등학교에서 공부 잘한다는 말을 들으며 자라온 학생들도 의대에 오면 상황이 달라집니다. 누구나 공부를 잘하는 곳에서 자신은 순식간에 '평범한 학생'이 됩니다. 때로는 시험 성적이 낮아 유급하게 되거나 아예 학업 중도 포기를 고민하게 됩니다. 의대 6년 동안 강인한 체력, 단단한 멘탈, 그리고 꾸준한 자기관리는 필수입니다. 제가 의대를 다녔던 시간을 돌아보며 의

대생뿐 아니라 의사로서 꼭 필요하다고 생각하는 자질 12가
지를 체크 리스트로 정리해 봅니다.

나는 의대에서 살아남을 수 있을까?

☐ 목표를 정하고 끝까지 달성해 본 경험이 있는가?

의대에서 '공부 포기'는 곧 유급[*]으로 이어집니다. 단 한 과
목이라도 소홀히 하면 졸업장을 받을 수 없습니다. 특히 본
과 진학 이후 치르는 시험들은 분량이 방대하고 강도가 높
습니다. '이번엔 그냥 한 과목쯤 포기할까' 하는 생각이 들
때가 한두 번이 아닙니다. 실제로 시험을 포기해 유급당하고
1년을 다시 시작한 동기도 있었습니다. 결국 끝까지 버티는
사람에게만 의대 졸업장이 보장됩니다.

이러한 근성은 의사가 된 후에도 똑같이 요구됩니다. 밤새 환
자의 상황이 악화되기도 하고 예기치 못한 응급 상황이 몰아치
기도 합니다. 하지만 의사에게 끝까지 포기하지 않고 버텨낼
수 있는 근성이 있을 때 환자는 회복이라는 빛을 보게 됩니다.

---

[*] 이수 과목들 중 한 과목이라도 F가 있거나, 평균 점수가 C 이하일 경우, 출석
일수가 교칙에 미달할 경우 진급하지 못하는 제도로 학교마다 차이가 날 수
있습니다.

☐ **전체 상황을 파악하고 변하는 환경에 대처할 유연성이 있는가?**

의대생은 '눈치'가 필요합니다. 방대한 시험 범위 중 중요하지 않은 부분은 과감하게 쳐내는 시험 전략, 출제자가 원하는 답을 빠르게 내뱉는 순발력, 실습 중 팀원 간의 역할 조율 등 다양한 상황에서 유연하게 대응하는 능력이 필요합니다. 이 능력은 의사가 된 후에도 그대로 이어집니다. 어떤 때는 환자에게 의학 정보를 충분히 설명해야 하고, 또 어떤 때는 말보다 경청과 공감이 더 큰 힘을 발휘하기도 합니다. 상황에 맞게 설명, 조언, 공감을 선택할 줄 아는 유연함이 좋은 의사가 될 수 있는 자질입니다.

☐ **타인의 사연이나 아픔을 공감하고 이해할 수 있는가?**

의사에게 공감 능력은 치료의 핵심입니다. 의사, 환자 관계는 환자의 치료 결과에도 직접적으로 영향을 줍니다. 환자에게 단지 병명과 치료법을 설명하는 것으로는 부족합니다. 환자가 처한 상황과 감정을 이해하고 진심으로 공감할 때 비로소 환자와 신뢰가 쌓입니다.

☐ **힘들거나 지칠 때 평정심을 유지하고 스스로 회복할 수 있는가?**

시험 압박, 인간관계 갈등 등 의대 생활 중 예기치 못한 실패는 의대생이라면 누구나 겪는 일입니다. 저 역시 여러 고비를 겪으며 의대 생활이 힘들어 휴학을 고려한 적이 있습니다. 멘탈이 약하면 긴 여정을 버틸 수 없습니다.

회복탄력성은 의사가 된 후에도 더욱 중요해집니다. 갑작스러운 응급 상황, 수술이나 시술의 예기치 못한 결과, 의료 분쟁과 같은 상황은 의사에게 큰 심리적 충격을 주기도 합니다. 그때마다 무너진다면 환자와 그의 가족을 끝까지 지킬 수 없습니다. 넘어지더라도 다시 일어나 환자를 볼 수 있는 힘, 그것이 의사에게 요구되는 회복탄력성입니다.

☐ 타인의 감정에 휩쓸리거나 동요하지 않고 이성적으로 침착할 수 있는가?

병원 실습 중에 환자 앞에 서면, 개인적인 감정을 드러낼 수 없는 순간이 많습니다. 의료진의 불안한 기색이나 말투에도 환자가 불안해 할 수 있기 때문입니다. 차분하고 안정적인 표정을 유지하는 것은 의대생 때부터 연습해야 할 중요한 태도입니다.

의사가 된 이후에는 이 능력이 더욱 요구됩니다. 개인적으로 슬프거나 화나는 일이 있어도 심지어 본인이 아픈 상황에서도 환자 앞에서는 동요하지 않고 포커 페이스를 유지해야 합니다. 의사는 환자가 기대는 존재이기에, 감정을 절제하고 안정감을 주는 태도가 필요합니다.

☐ 다양한 사람들과 원활하게 소통하고 리더십을 발휘할 수 있는가?

의대에서 혼자 할 수 있는 일은 거의 없습니다. 생물학 실습, 조별 발표, 병원 실습 모두 팀으로 움직입니다. 의사도 마찬가지입니다. 실제 진료 현장에서도 간호사, 행정 직원, 다른 의료진의 도움 없이 혼자 환자를 볼 수 없습니다. 협업은 의대생과 의사의 기본 역량입니다.

☐ 주어진 시간을 잘 관리하고 효율적인 계획을 세울 수 있는가?

시험, 과제, 실습이 연속으로 몰려오다 보면 의대생은 하루 24시간이 턱없이 부족합니다. 시간을 효율적으로 관리하지 못한다면 공부와 휴식이 모두 엉망이 됩니다. 시간을 어떻게 쓸지 전략적으로 계획할 수 있어야 합니다.

이 능력은 의사가 된 이후에도 필수입니다. 외래 진료, 시술, 입원 환자 회진, 학회 발표 준비, 연구 과제, 행정 업무까지 쏟아지는 일들 속에서 시간 관리를 하지 못하면 금세 번아웃에 빠집니다. 더구나 환자는 약속된 진료 시간에 맞춰 의사를 기다리고 있습니다. 시간 관리 실패는 곧 환자의 불편과 안전 문제로 이어질 수 있습니다. 시간을 어떻게 배분하고 우선순위를 정하는가는 우수한 학업 성적을 넘어 좋은 의사가 되는 핵심 역량입니다.

☐ 필요한 내용을 반복해서 공부하고 암기할 수 있는가?

의대생들이 배우는 의학의 범위는 매우 넓습니다. 의학 용어들도 그리스어, 라틴어 등에서 유래된 것들이 많아 영어를 잘한다고 해도 새로 배워야 합니다. 새로운 의학적 발견이 이뤄지거나 정의가 달라지는 속도가 빨라 배워야 할 것들이 계속 업데이트됩니다. 또 의학은 확실하고 보장된 치료를 해야 하기 때문에 이미 잘 정립된 내용을 외우고 그대로 적용하는 것이 중요합니다. 그래서 의대생 공부의 기본은 암기입니다.

☐ 공부나 일에서 강행군이 이어져도 버틸 수 있는 체력이 있는가?

본과 2학년 때 3주 동안 매일 시험을 치른 기억이 아직도 생생합니다. '자고 일어나 시험보고, 또 공부하고'를 반복하며 며칠 밤을 꼬박 샌 적도 많습니다. 체력이 바닥나면 정신력도 금세 무너집니다. 공부와 체력은 함께 가야 합니다.

체력을 키우기 위한 방법은 사람마다 다릅니다. 틈날 때마다 운동의 끈을 놓지 않고 체력을 쌓는 동기도 있었고, 쉴 수 있을 때는 과감히 쉬면서 다음 시험이나 업무까지 체력을 비축하는 동기도 있었습니다. 중요한 건 어떤 방식이든 버텨야 할 순간과 회복해야 할 순간을 구분하고, 필요할 때 힘을 내어 달릴 수 있는 능력입니다.

☐ 타인을 위해 희생할 마음이 있는가?

의사는 본질적으로 타인을 돕기 위해 존재합니다. 의사에게는 환자의 건강과 생명을 지키는 일이 무엇보다 우선입니다. 때로는 개인 시간을 포기하고 환자를 위해 자신을 희생해야 합니다. 의대에서 배우는 지난한 과정 역시 결국 환자를 잘 돌보기 위한 준비 과정입니다. 의대생 시절에는 주말 약속을 포기하고 도서관에서 밤을 새우는 일이 흔합니다. 의사가 된 이후에는 병원에서 오는 전화를 받기 위해 밤잠을 설치거나, 환자가 위급한 경우에는 다시 병원으로 불려나가기도 합니다. 명절이나 연휴도 없이 병원을 지켜야 할 때도 있습니다. 의사라면 이런 일들에 기꺼이 자신을 희생할 마음이 있어야 합니다.

☐ 평생 배움을 게을리하지 않고 공부할 수 있는가?

의대에서 배우는 지식은 의사의 기본기에 불과합니다. 졸업 후에도 새로운 의학 지식과 치료 가이드라인은 계속 업데이트됩니다. 공부를 멈추는 순간, 뒤처진 의사가 됩니다. 평생 배움을 이어갈 자세가 필요합니다.

▣ 유혹에 흔들리지 않고 철저하게 자기 관리할 수 있는가?

대학교에 들어오면 누구나 자유를 느낍니다. 하지만 의대생에게는 이 자유가 곧 위험이 되기도 합니다. 방대한 공부량, 빡빡한 시험 일정 속에서 순간의 방심은 곧바로 유급으로 이어질 수 있습니다. 제 동기 중에는 실제로 자기 관리에 실패해 게임, 술, 유흥에 빠져 학업을 놓치고 결국 학교를 떠난 경우도 있었습니다.

더 큰 문제는 의사가 된 이후입니다. 의사의 자기 관리 실패는 단순히 개인의 실패로 끝나지 않습니다. 과음이나 밤샘으로 피로가 누적되면 집중력이 떨어지고 판단이 흐릿해집니다. 의사의 판단은 환자의 생명과 직결되기 때문에 환자의 생명이 위협받을 수 있습니다. 의사의 자기 관리는 자기 자신을 지키는 차원을 넘어 환자의 생명을 지키는 일과 맞닿아 있습니다. 따라서 의대 시절부터 유혹을 절제하고, 공부, 휴식, 생활 습관을 스스로 관리하는 힘을 기르는 것이 무엇보다 중요합니다.

의대는 단순히 공부를 잘한다고 버틸 수 있는 곳이 아닙니다. 여기 정리한 12가지 자질은 제가 직접 겪고 깨달은 의대 생존의 조건이자, 의사로 살아가기 위한 평생의 기본기입니다. 이 체크 리스트가 의대를 꿈꾸는 후배들에게 현실적인 나침반이, 이미 의사가 된 이들에게는 스스로를 돌아보는 거울이 되길 바랍니다.

의대를 가기로 결심한 여러분을 환영합니다.
이제 예비 의대생이 된 여러분을 위해 의대 6년이
어떻게 흘러가는지 간접체험할 수 있도록
생생하게 알려주려고 합니다.
의대의 치열하고 뜨거운 학구열,
그 속에서 빛나는 의대생들의 끈끈한 우정과
즐거운 동아리 활동,
그리고 피할 수 없는 시험과 간절히 기다려온 방학까지!
이 장을 읽으며 여러분이 꿈꾸는 의대 생활이 더 구체적
이고 선명하게 그려지면 좋겠습니다.

의대생으로 살면서 알아야 할 것들

❶ 의대생은 어떤 공부를 배울까?

❷ 공부하기도 바쁜데 동아리 참여와 인간관계 맺기, 꼭 해야 할까?

❸ 의대생도 학원을 다닐까?

❹ 시험 점수가 낮으면 재시나 유급을 한다는데, 그게 무엇일까?

❺ 의대생은 방학을 어떻게 보내야 할까?

의대에서 의학을
배운다는 게 뭘까?

의대 공부 미리 경험하기

의대에서 의학을 배운다는 것은 질병에 관한 정의, 분류, 증상, 진단, 치료, 관리, 예방 등에 대해서 공부하는 것입니다. 그런데 인류에게는 엄청나게 많은 질병이 있습니다. 희귀질환은 예외라고 하더라도, 각 진료과의 주요 질환에 대해서는 모두 배워야 합니다. 일반적으로 인터넷에서 찾을 수 있는 간단한 정보를 배우는 것이 아니라, 대학병원에서 각 질환을 수십 년간 진료하며, 연구해 온 교수들이 가진 깊은 의학을 배우는 것입니다. 그 지식을 아무리 정리하고 요약한다고 하더라도 그 양이 방대할 수밖에 없습니다.

예를 들어 간암의 치료 방법 중 하나인 간 이식을 하는 과정을 배운다면, 해부학을 기본으로 배우고 수술을 할 때 중요한 요소와 의사 결정 과정, 수술 방법, 수술 후 합병증을 배울 것입니다. 조현병의 치료 방법을 배운다면, 조현병의 진단 및 분류를 먼저 배우고 약제의 사용 및 여러 치료법을 배우게 될 것입니다. 의대에서는 기초의학부터 임상의학까지 모두 배우게 됩니다. 그래서 어떤 학부 공부보다도 압도적으로 많은 지식을 배우고, 암기하고, 시험을 치러야 합니다.

질병은 모두 연결되어 있다

그렇다면 처음부터 외과학, 소화기내과학, 정신건강의학 등 각 분야만을 나눠서 배울 수 있는지 궁금할 수 있습니다. 그러나 어떤 나라도 학부 때부터 각 분야 별로 나눠서 그 분야만의 전문가로 성장시키지는 않습니다. 의학은 모두 연결되어 있기 때문입니다. 즉 환자는 질병을 하나만 앓고 있지 않고, 환자가 앓는 질환의 의학적 문제는 다른 질환과도 모두 관련되어 있습니다. 예를 들어 간 이식을 받아야 하는 환자가 당뇨병, 고혈압, 부정맥, 알코올의존증, 단백뇨, 수면무

호흡증 등의 문제를 동시에 앓고 있을 때, 간 이식을 준비하는 외과 의사는 환자의 의학적 문제에 대한 기본적인 지식을 가지고, 다른 진료과 의사에게 자문을 구해야 합니다. 그리고 자문받은 내용을 충분히 이해하고 이를 환자에게 적용해야만 간 이식이라는 큰 수술을 안전하게 수행할 수 있습니다.

의사는 이렇게 인체가 모두 연결되어 있고, 질병은 서로 관련되어 있으며, 환자가 가진 여러 질병을 동시에 치료해야 한다는 것을 이해하는 게 기본입니다. 그래야 간호사 등과 서로 커뮤니케이션하면서 환자를 치료할 수 있습니다. 따라서 의대에서는 여전히 모든 주요 질환에 대한 방대하고 통섭적인 지식을 의대생들에게 모두 가르치려고 하며, 의대생들은 이것을 그대로 배울 수밖에 없습니다.

의대 공부의 기본은 암기다

모든 전문 영역이 마찬가지겠지만, 전문가 집단에서는 원활한 커뮤니케이션을 하기 위해서 집단에서 사용하는 용어들이 있습니다. 의대생들 역시 의사가 되려면 이런 낯선 용어들에 익숙해져야 합니다. 의학 용어는 의료의 각 요소를 세분화한 것이기 때문에 일반인들이 이해하기 어렵습니다.

게다가 의학 용어는 대부분 영어 기반으로 전 세계에 통용되기 때문에 어려워도 암기해야 합니다. 그리스어, 라틴어에서 시작된 용어들은 일상 영어와 많이 다릅니다. 영어를 잘 안다고 해도 난해할 수 있습니다. 물론 국내에서 사용하는 의학 용어도 알아야겠지요. 심지어 새로운 의학적 발견이 이뤄지거나, 정의가 달라질 경우 의학 용어가 만들어지기도, 바뀌기도 합니다.

의대생이 의대 공부에 대해서 알아야 하는 것은 한 가지 더 있습니다. 의학은 정적인 학문이 아니라 지속적으로 변화하는 학문이라는 점입니다. 심지어 최근에는 의학의 발전 속도가 더욱 가속화되고, 치료법도 매우 다양해지고 있습니다. 신약도 쏟아지고 있고요. 획기적인 의학 연구 결과가 속속 등장할 때마다 안 그래도 두꺼운 교과서가 더욱 두꺼워지고 있습니다. 과거에는 내과의학 교과서가 얇은 한 권이었다면 이제는 매우 두꺼운 두 권, 세 권으로 늘어났습니다.

그런데 의대에서는 이런 최신 치료를 배우는 동시에, 전통적으로, 역사적으로 이미 증명된 의학적 사실을 가르칩니다. 즉 의대생들은 모든 것을 외워야 합니다. 다만 의대생은 인류의 의학 연구의 결과물 중에서 질병의 진단과 치료 끝에 얻은 최종 결론을 외워야 하고, 깊이는 상대적으로 얕습니다.

따라서 의대 공부의 대부분은 엄청난 양의 암기입니다. 인터넷에서 빽빽한 의학 노트를 쌓아 놓고 의대생이 외워야 하는 공부량이라고 보여주는 재미난 밈이 있습니다. 그런 글에서 보여지는 공부 양이 결코 농담이 아닙니다.

그런데 곡소리를 내는 의대생들과 달리 시험 문제를 내는 교수들의 입장은 꽤 다릅니다. 의대 교수들은 학생들을 가르칠 때 기본적인 용어의 정의와 개념만이라도 알기 바랄 뿐입니다. 사실 의대생들에게 크게 바라는 게 없다고 하면서 강의를 합니다. 교수들은 어차피 의대생들이 의대를 졸업한 후 전공의가 되면 처음부터 다시 가르쳐야 할 테지만, 의학 용어도 모르고, 개념도 없이 졸업해서 전공의가 되면 안 되기 때문에 최소한의 것만 가르친다고 토로합니다. 가르치는 사람과 배우는 사람의 입장이 다른 것이죠.

창의적인 학생이 의대에 온다면?

의대생에게 어쩌면 천재적인 창의력은 당장 필요하지 않습니다. 의대 교수가 되어 의학 연구를 하지 않는 한 창의력을 발휘할 일이 거의 없을지도 모릅니다. 의학이라는 것은 인간의 질병을 다뤄야 하는 학문이고, 의학적으로 확실히 검증된 사실만을 적용해야 하기 때문에, 임상 현장에서 과하게 창의적인 방법으로 환자를 치료하는 것은 매우 위험한 일이고 해서는 안 되는 것입니다. 지금 전 세계적으로 인정하는 표준 치료법을 잘 숙지하고 따르는 것이 핵심입니다. 의학은 환자의 생명을 다뤄야 하기 때문에 극도로 보수적인 학문입니다. 그러므로 의대 공부는 기본적으로 암기가 우선이 되어야 합니다.

그런데 안타까운 것은 이런 암기식 공부에 맞지 않는 학생들이 꽤 많다는 것입니다. 사실 중고등학교 때 공부를 잘했다는 것은 암기 능력 외에도 다양한 능력이 있다는 것을 뜻합니다. 그런데 의대에 들어와서 암기식 교육만을 6년간 배우는 것이 과연 자신의 성향에 맞는지 스스로에게 물어봐야 합니다.

지식을 암기하는 것이 너무 싫다거나, 표준적인 것을 배우는 것에 거부감이 큰 학생들은 안타깝게도 의대에 적합하지 않을 수도 있습니다. 이런 자신의 성향을 제대로 파악하지 않은 채 무턱대고 의대를 입학하는 학생들이 인생의 황금기인 20대 시절을 열정적으로 공부하지 못하고 시름시름 보내는 것이 매우 마음 아팠습니다. 그러니 의대에 오기로 마음을 먹었고 의사가 되기로 했다면 일단은 많은 지식을 배우고 암기해야 한다는 걸 각오하면 좋겠습니다.

그리고 한 가지, 꼭 말해주고 싶은 것은 암기 공부가 어렵더라도 의대에서 배우는 의학 지식이 지금까지 존재하기까지 엄청난 의학 연구의 역사가 있어 왔고, 의대생도 그 여정의 한 가운데에 있다는 것을 상기하길 바랍니다. 하나의 의학 지식은 오랜 기간 수많은 의학 연구자가 환자들을 치료하고 분석한 결과물입니다. 조금 더 높은 수준의 의학 연구에 도전하기 위해서 또는 환자들에게 안전한 치료를 하기 위해서 이미 확립된 의학 지식의 암기는 피해갈 수 없는 것이기에 의대생이 되기로 결심했다면 이런 공부와 당당히 마주해 보는 것이 좋겠습니다.

죽음이 의대생에게 가르쳐주는 것들

의사의 태도와 마음을 키우는 해부학 실습

의대생에게 해부학 실습은 '죽은 자가 산 자를 가르친다'라는 말을 가장 깊이 체감하는 순간입니다. 하얀 천을 걷었을 때 처음 마주한 시신. 죽은 사람을 본 것은 그때가 처음이었습니다. 저와 팀원들은 간단히 묵념하고서 카데바라고 불리는 시신을 마주했습니다. 누군가 의학 교육을 위해 자신의 몸을 내줬다는 사실에 경의심이 들었습니다. 저희는 여덟 명이 한 조를 이뤄 한 학기 내내 카데바로 실습했습니다. 카데바는 장기 기증과 다르게 오직 교육 및 연구 목적으로만 활용되는 해부용 시체를 말합니다.

해부학 실습을 시작하는 학기는 학교마다 시기가 조금씩 다릅니다. 본과 1학년 1학기에 하거나 2학기에 진행하기도 합니다. 저는 가을 학기, 추석 이후부터 해부학 실습을 시작했습니다. 선배들은 1학기에 이루어지는 실습보다는 가을과 겨울에 걸쳐 2학기에 진행되는 해부학 실습이 더 낫다고 했는데, 기온이 낮아 시신 보관이 좀 더 수월하고 약품 냄새가 덜 퍼지기 때문입니다.

약품은 따가웠지만 마음만은 뜨거웠던 시간

해부학 실습은 몸 밖에서 안쪽으로 피부와 혈관, 신경, 근육, 장기, 뼈 순서로 해부가 진행됩니다. 해부학 실습 시간에는 매시간마다 정해진 '디섹션dissection'이라고 불리는 해부를 위한 절개 과정이 있습니다. 의대생들은 이때 의사라면 꼭 알고 있어야 할 주요 신체 부위를 찾습니다. 신경, 뼈, 근육 등입니다. 하지만 일명 '시바CIBA*'라고 불리는 해부학 교과서에 나오는 장기들은 단번에 나오지 않았습니다. 두꺼운 지방을 걷어내는 일은 꽤나 중노동에 가까웠습니다. 과감하지만 신중해야 합니다. 필요 없는 지방을 걷어내고 근육과 여러

신경을 헤집으며 혹시나 주요 구조물을 끊어버리는 불상사가 나지 않게 하려고 온 신경을 집중해야 하죠. 누군가 실수로 주요 신경을 끊기라도 하면 원망을 받았습니다. 그러니 해부학 실습 시간에는 포르말린 용액에 절은 카데바 속에 코를 박고 해부를 진행하는 진풍경이 벌어졌습니다. 그렇다고 여덟 명 모두가 한꺼번에 덤비면 아무것도 찾을 수가 없습니다. 여덟 명은 또 다시 작은 그룹으로 나눠서, 일부가 해부를 하고 있으면, 누군가는 그 시간에 공부를 하거나 체력을 보충하기도 했습니다.

해부학기가 깊어갈수록 몸도 마음도 지쳤습니다. 저는 해부학 실습이 무르익어갈 때쯤 탈모와 피부 트러블을 동시에 겪었습니다. 그래서 해부학기가 진행되던 시절, 다른 대학교 친구들과 만나야 할 때면 어떤 핑계를 대고 그들을 만나지 않을 수 있을지 머리를 굴리기도 했습니다. 다들 빛나게 멋지고 예쁜데 저는 최악인 것만 같았죠. 어쩌다 만난 친구는 앞머리가 휑하게 비어 있는 저를 비웃기도 했어요. 본과 1학년 1학기는 시험 일정이 많은 시기라서 스트레스를 많이 받았고, 시신이 부패하지 않도록 처리한 화학 용액도 탈모의

인체해부학 교재로 정식 명칭은 Essential Atlas of Human Anatomy이지만 대개 출판사의 이름으로 간단하게 부릅니다.

원인 중 하나였습니다.

실습 시간의 마무리는 각종 화학 약품으로 시신을 처리하는 것으로 끝납니다. 다음 번 실습을 더 수월하게 하기 위해서입니다. 그래서 카데바 실습 후에 몸에서는 늘 독특한 냄새가 났습니다. 포르말린, 페놀 등을 포함한 각종 약품과 카데바가 만들어내는 냄새는 해부학 실습 전후로 어디에서도 맡아보지 못할 만큼 독보적이었습니다. 화학약품은 냄새만나게 하는 것이 아닙니다. 그것들은 피부를 상하게 하고 머리털을 새로 자라지 못하게 했습니다. 화학약품 중 하나인 포름알데하이드는 흡입하거나 피부 접촉을 통해 체내로 들어옵니다. 눈을 따갑게 해 눈물을 나게 하며 코와 목에 타는 듯한 자극을 일으키죠. 일부 연구에 의하면 해부학 실습 시 포름알데히드의 급성 노출로 폐 기능이 떨어진다고 보고하기도 하고요. 그래서 해부학 실습 중간중간, 자주 신선한 공기를 마시고, 실습이 끝난 직후에는 곧바로 샤워하는 것이 필수였습니다.

✚

해부학 실습에서 배운 것들

해부학은 의학의 기초입니다. 저에게 해부학 실습은 강산이 두 번 바뀐 지금도 여전히 선명하게 남아 있는 경험입니다. 힘들고 고된 과정이었지만, 그만큼 값진 배움이 있었습니다. 해부학 실습을 통해 신체의 구조와 기능을 깊이 이해하게 되면, 실제 진료 현장에서 오진을 줄이고 환자를 더 정확하게 진단할 수 있습니다.

그러나 해부학 실습의 진정한 의미는 단순히 지식을 얻는 데 있지 않습니다. 자신의 몸을 기꺼이 의학 교육에 내어준 고인 덕분에, 의대생들은 의사로서 반드시 필요한 희생 정신, 공감 능력, 그리고 인류애를 배웁니다. 하나라도 더 배우고자 했던 마음, 다시 살펴보고 돌아보려 했던 태도는 모두 기증자의 뜻을 존중하고 그분의 마지막 삶을 소중히 여기려는 진심에서 비롯되었습니다.

죽음을 넘어 이어진 헌신을 통해 살아 있는 우리가 배우고, 또 그 배움을 환자와 사회에 되돌려주는 과정 속에서 의학은 발전하고 완성됩니다. Mortui Vivos Docent, '죽은 자가 산 자를 가르친다.' 이 문장은 해부학 실습의 본질을 압축한 표현입니다. 저 역시 그와의 만남을 통해 의사로서의 마음가짐을 다질 수 있었고, 지금도 제 진료와 삶을 이끄는 중요한 토대가 되고 있습니다.

우정은 너를 더 크게
성장시켜준다

의대생에게 동아리와 인간관계가 소중한 이유

어려운 대학 입시 과정을 거치는 내내 마침내 수능을 치르고 의대에 입학하는 상상을 하곤 했습니다. 따뜻한 햇살이 비치는 대학교 교정에서 동기들과 함께하는 즐거운 시간을 그려보았습니다. 그 상상 속에는 교내 축구 대회에서 멋지게 골을 넣거나, 축제 무대에서 노래를 부르는 제 모습이 있었죠. 그리고 그 상상의 중심에는 늘 동아리가 있었습니다. 하지만 6년간의 팍팍했던 의대 생활을 돌아볼 때, 동아리는 단순한 낭만이나 취미 활동 그 이상이었습니다. 만약 누군가 제게 의대에서 생존하기 위한 가장 중요한 팁 하나를 꼽으라고 한다면, 저는 주저 없이 자신이 좋아하는 동아리에 들어가라고 말할 겁니다. 매일 쏟아지는 엄청난 학습량과 숨 막히는 성적 경쟁 속에서, 동아리는 생존을 위한 '산소호흡기'이자 끈끈한 '사회적 안전망'이 되어주기 때문입니다.

✚

공부에 지칠 때 산소호흡기가 되어준 사람들

그렇다면 왜 유독 의대생에게 동아리가 이토록 중요하고, 때로는 절박하기까지 한 의미를 갖게 되는 걸까요? 가장 큰 이유는, 동아리가 고독한 싸움 속에서 기댈 수 있는 거의 유일한 버팀목이 되어주기 때문입니다. 여러분도 잘 아는 것처럼 의대 생활은 성적, 인간관계 등에서 심한 스트레스를 받는 상황이 자주 발생합니다. 특히 학년이 낮을 때 유급이라도 하게 되면 극심한 소외감과 무력감에 빠지기 쉬운데, 이때 같은 처지에서 서로를 이해하고 등을 두드려줄 수 있는 존재가 바로 동아리 선후배와 동기들입니다. 제게는 야구 동아리가 그런 존재였습니다.

해부학 실습으로 머리가 터질 것 같던 어느 주말 오후, 흙먼지를 날리며 동기들과 함께 배트를 휘두르던 순간의 해방

감은 아직도 잊을 수 없습니다. 함께 땀 흘리는 동안 우리는 단순한 친구를 넘어, 이 험난한 과정을 함께 헤쳐나가는 전우가 되었습니다. 동아리에서 만난 친구들과 지금까지 20년 이상 인생의 가장 큰 동반자로 함께하고 있습니다. 힘든 의대 생활 중에 공통의 관심사로 만난 사람들과의 유대는 어려운 시절을 버틸 수 있는 산소호흡기 역할을 해준 것은 물론 여전히 관계를 유지하며 의사 생활 내내 행복함을 느끼게 합니다.

이런 정서적 유대를 넘어, 동아리는 의대 생활의 생명줄과도 같은 아주 현실적인 이점을 제공하기도 했습니다. 과거에는 '족보' 혹은 '소스'라고 불리는 시험 기출문제와 과목 핵심 요약본의 가장 확실한 유통 경로가 바로 동아리였습니다. 하지만 시대가 변하면서 동아리에서 암암리에 돌던 이런 자료들은 쓸모가 약해지기 시작했습니다. 많은 의대에서 공정성을 위해 문제 은행 방식을 도입하고, 일부 학생들끼리 자료를 공유하는 행위의 문제점이 공론화되었기 때문입니다. 그래서인지 시험 자료만을 얻으려는 목적으로 동아리에 가입하는 학생들의 수도 눈에 띄게 줄었습니다.

그럼에도 불구하고, 동아리가 졸업 후까지 이어지는 인적 네트워크의 출발점이라는 사실은 여전히 유효합니다. 인턴이나 전공의를 지원할 때 동아리에서 맺었던 인맥이 있으면 자신이 원하는 병원이나 과에 대한 내부 정보를 얻기가 비교적 쉽습니다. 전문의가 된 이후 마주치는 선배들이 같은 동아리 출신일 때 공통점을 발견하고 더 반갑고 끈끈해지기도 합니다.

일로만 만난 어려운 선배가 아닌, 함께 땀 흘리고 공연하며 스스럼없이 지냈던 동아리 선배는 의사 생활 내내 든든한 조언자가 되어줄 수 있습니다. 물론 이 관계의 지속성에도 개인차가 존재합니다. 제 주변의 어떤 친구들은 정신없이 바쁜 병원 일에 치이다 보니 그토록 끈끈했던 동아리 인연도 어느덧 희미해졌다고 털어놓기도 합니다. 최근에는 굳이 동아리에 얽매이지 않고 자유로운 학교생활을 택하는 무동아리 학생들도 상당히 많아졌습니다. 한정된 시간을 오롯이 자신에게 투자하며 또 다른 형태의 관계를 만들어나가는 것 역시 과거와 달리 존중받아야 할 하나의 방식인 셈입니다.

✚

예비 의대생에게 추천하는 동아리

그렇다면 의대에는 어떤 동아리들이 있을까요? 거의 모든 의대는 과에 관계없이 가입할 수 있는 중앙 동아리와, 특정 단과대 학생만 가입할 수 있는 단과대 동아리가 있지만, 의대생에게 동아리란 대부분 의대 내의 단과대 동아리를 의미합니다. 본교 캠퍼스와 의대가 물리적으로 떨어져 있는 경우도 많고, 의대가 아닌 타과 학생들과의 정서적 거리감 때문입니다. 저도 의대 생활 중 본교 동아리를 하는 친구는 딱 두 명 봤는데, 의대에 없는 특별한 분야에 관심이 있거나 사회적 활동에 뜻이 있는 친구들이었습니다. 의대라는 섬 안에서 의대생들은 그들만의 리그를 만들어갑니다.

학교 규모에 따라 다르지만 의대 안에도 정말 많은 동아리가 있습니다. 학술 세미나와 연구 중심의 학회, 의료나 사회봉사 활동을 하는 봉사 동아리, 종교 활동을 함께하는 동아리는 물론, 축구, 야구, 농구 등 스포츠 동아리, 재즈, 클래식, 록 등 음악이나 댄스 공연 동아리, 미술이나 웹툰 동아리까지 그 분야는 실로 다양합니다. 최근에는 시대의 변화에 맞춰 이색적인 동아리도 많이 생겨났습니다. 제가 현재 지도교수를 맡고 있는 와인 동아리가 좋은 예입니다. 학생들은 와인을 통해 의학 공부와는 또 다른 섬세한 미각과 후각의 세계를 탐험하고, 인문학적 소양을 넓히고, 새로운 소통의 방식을 배웁니다.

물론, 공식적인 간판 없이 음성적으로 활동하는 모임도 빼놓을 수 없습니다. 제가 학생이었을 때는 친구들과 함께 만든 비공식 스타크래프트 동아리가 있었습니다. 시험이 끝난

날 밤, PC방에 모여 소리를 지르며 스트레스를 풀던 그 시간은 공식 동아리 활동만큼이나 소중한 추억입니다.

중요한 건 관계의 양이 아니라 질이다

하지만 이처럼 끈끈한 유대감과 소속감이 만들어내는 세상에도 분명한 그림자는 존재합니다. 의대생들의 끈끈함의 이면에는 의대생이 아닌 외부인을 배척하는 폐쇄성이 있습니다. 돈독한 선후배 관계는 자칫 수직적 위계질서와 강압적 문화로 변질될 위험을 안고 있습니다. 특히 아직 어리고 의료계를 잘 모르는 예과 1, 2학년에게 본과 고학년은 매우 어려운 사람이기 때문에 선배의 말은 항상 정답이라고 착각할 수 있습니다. 하지만 이제 와 돌아보면 불과 서너 살 차이에 불과했고, 하늘처럼 보였던 그 선배도 20대 중반의 철부지였습니다. 이런 단절적이고 수직적인 관계에서 생기는 강압적인 문화는 의대 문화가 보수적이고 발전적이지 못하다고 비판받는 주요 이유이기도 합니다.

또 동아리 종류가 다양한 만큼 소모해야 하는 시간도 천차만별이라, 일부 공연이나 운동 동아리는 공부만 하기에도 모자란 방학을 모두 투자해야 하는 등 학업에 지장을 주기도 합니다. 친구를 사귀러 들어간 동아리에서 오히려 인간관계 갈등으로 상처받고 소외당하는 경우도 빈번합니다. 모든 의대생에게 동아리가 정답이 될 수는 없다는 이야기입니다.

혼자라면 빨리 가지만, 함께라면 멀리 간다

그럼에도 불구하고 저는 다시 의대생으로 돌아간다 해도, 망설임 없이 야구 동아리의 문을 두드릴 것입니다. 시험에 통과하는 법을 알려준 것은 족보였을지 몰라도, 의사로서의 긴 인생을 함께 걸어갈 사람을 남겨준 것은 동아리였기 때문입니다. 그때 서로 어설픈 배팅 자세와 수비 실수를 놀리던 동기는 이제 제가 항상 믿고 신뢰하는 든든한 외상 외과 의사가 되었고, 항상 야구가 끝나고 PC 방을 함께 다니던 후배는 어엿한 내과 교수가 되어 소외받고 힘든 희귀암 환자를 치료하고 있습니다. 동아리는 제게 소중한 추억과 평생의 인연을 선물했습니다. 여러분도 훗날 의사가 되었을 때, 고된 인턴 과정을 함께 이겨내고 삶의 기쁨과 슬픔을 나눌 수 있는 진짜 친구를 만나게 되기를 바랍니다. 그리고 그 만남이, 여러분이 진심으로 좋아하고 즐길 수 있는 동아리 활동을 통해 이뤄진다면 더할 나위 없이 좋겠습니다.

좋은 의사는 좋은 선후배 관계가 만든다

선배와 후배의 올바른 관계 맺는 법

의학 드라마를 보면 빠지지 않고 등장하는 장면이 있습니다. 서열이 엄격한 수술실에서 주니어 의사가 시니어 교수에게 호되게 꾸지람을 듣는 모습입니다. 그 모습이 아주 틀린 상상은 아닙니다. 의사 조직은 수평 문화가 많이 자리 잡혀 있는 일반 회사들과 다르게 상하 수직적이고 도제식 수련의 성격을 띠기 때문입니다.

이러한 문화가 형성된 데에는 몇 가지 이유가 있습니다. 첫 번째, 생명을 다루는 긴박한 현장에서 한 치의 실수도 용

납되지 않기에 상급자가 주도하는 일사불란한 지휘 체계가 자리 잡았습니다. 두 번째, 의사 면허와 전문의 자격을 취득하는 과정이 소수의 선배 의사(교수)에게 전적으로 의존하는 구조이기 때문입니다. 전공의 수련 과정에서 어떤 평가를 받는가에 따라 전문의 자격 취득 여부가 결정되고, 이후 대학병원에 남거나 좋은 조건으로 개원하는 등 미래 진로에 절대적인 영향을 받게 됩니다. 즉, 스승의 가르침과 평가가 제자의 미래를 좌우하는 도제식 관계가 좁고 폐쇄적인 의료계의 특성과 맞물려 경직된 문화를 만든 것입니다.

✚

연차와 구조가 만드는 잘못된 선후배 문화

저 역시 인턴 시절, 한밤중에 선배의 담배 심부름을 하거나 응급실에서 전화 너머로 쏟아지는 언어폭력에 가슴을 쓸어내려야 했고, 선배가 따라주는 술을 거절하지 못해 강압적인 술자리를 뜬눈으로 버텨야 했던 기억이 생생합니다. 시대가 변했지만 이 도제식 문화의 그림자는 여전히 남아 있습니다. 오늘날 우리가 목격하는 의료계 내 선후배 갈등은 단순히 개인의 인격이나 소통 방식의 문제를 넘어, 과거부터 이어져 온 경직된 문화가 해소되지 못하고 응축되어 나타나는 현상입니다. 의료계의 선후배 갈등을 단순히 '꼰대 문화'로 치부할 수 없는 이유는 바로 이 구조적 문제 때문입니다.

첫 번째는 의료 시스템을 대하는 세대 간의 시각 차이입니다. 현재 병원에서 교수나 시니어 의사로 불리는 기성세대(주로 40대 후반 이상의 전문의)는 말 그대로 맨몸으로 한국 의료의 기틀을 닦았습니다. 부족한 인력과 자원 속에서 밤샘 당직과 희생을 발판 삼아 병원을 성장시키고 지금의 시스템을 만들었습니다. 그들은 자신들의 헌신으로 만들어진 이 시스템을 후배들이 당연히 유지하고 따라주기를 기대할 수 있습니다. 하지만 전공의, 신입 전문의 등 후배 세대의 생각은 다릅니다. 그들은 기성세대가 만들어놓은 비효율적인 관행과 과도한 업무 부담을 마땅히 감내해야 할 유산이 아닌, 개선하고 바꿔나가야 할 과제로 인식합니다. 선배 세대에게는 사명감 또는 책임감이었던 것이 후배 세대에게는 번아웃과 희생 강요로 다가오는 이 간극이 갈등의 핵심입니다.

두 번째는 '소명 의식'과 '위라밸Work and Life Balance'의 충돌입니다. 과거에는 의사라는 직업에 대해 '자신의 삶을 희생해서라도 환자를 구해야 한다'라는 절대적인 소명 의식이 강조되었습니다. 기성세대는 이러한 가치를 내면화하며 성장했고, 때로는 후배들에게 강요 아닌 강요를 하기도 합니다. 그러나 사회 전반의 가치관이 변화하면서, 의사 역시 직업인으로서 자신의 삶과 행복을 추구할 권리가 있다는 인식이 후배 세대에게는 당연하게 자리 잡았습니다. 또 이들은 비합리적인 위계질서에 순응하기보다, 정해진 규정과 원칙에 따라 일하고 싶어 합니다. 예를 들어, 과거에는 선배의 퇴근 전까지 후배가 자리를 지키는 것이 당연했다면, 이제는 자신의 업무가 끝나면 정시에 퇴근하는 것을 자연스럽게 여깁니다.

이러한 변화를 선배 세대는 "요즘 애들은 책임감이 부족하다"라며 비판하고, 후배 세대는 선배들이 비인권적인 문화를 강요한다고 반발하면서 세대 간의 골은 깊어지고 있습니다. 이는 단순히 어느 한쪽이 옳고 그름의 문제가 아니라, 시대의 변화에 따라 의사라는 직업을 바라보는 가치관이 근본적으로 달라졌기 때문에 발생하는 갈등입니다.

선후배 관계는 서로를 이해하지 못하는 데서도 갈등이 일어납니다. 고작 한두 살 차이가 나더라도 입학 시기가 다른 경우, 나이가 같지만 경력에서 몇 년 차이가 나는 경우, 경직된 수직 사회에서 선배의 언행은 후배에게 가장 날카로운 칼날이 될 수 있습니다. 이제 막 자신만의 방식을 찾은 저연차 선배는 자만에 빠져 후배의 미숙함을 참지 못하기도 합니다. 자신의 경험이 유일한 정답이라 믿기 쉽고, 후배를 가르치기보다 통제하려는 모습을 보이기 때문에 후배의 인격에 상처를 입히곤 합니다.

반면, 수십 년 차이 나는 하늘 같은 대선배와의 갈등은 다른 차원의 문제입니다. 이 경우 갈등은 개인 사이의 마찰보다는 가치관과 시스템의 충돌로 나타납니다. 예를 들어, 디지털 기기와 인공지능 진단 보조 시스템에 익숙한 후배와, 오직 자신의 손과 눈의 감각만을 신뢰하는 대선배 사이의 간극은 쉽게 좁혀지기 어렵습니다. 이처럼 일부 선배들이 열려 있지 않고 자신의 경험에만 옳다고 믿는 태도는 때로 새로운 가능성을 차단하는 인지적 편향으로 작용할 수 있습니다. 자신이 성공했던 방식만을 고집하거나, 익숙한 진단에만 매몰되어 드문 질환의 가능성을 놓치는 우를 범할 수 있는 것이죠. 이때 후배는 개인의 힘만으로는 대선배를 설득시키기 어렵다는 무력감을 느끼게 됩니다.

✚

아름다운 선후배 관계는 어떻게 만들까?

그렇다면 어렵기만 한 선배와의 관계에서 이 책을 읽을 여러분, 즉 의대생 후배들은 어떤 자세를 가져야 할까요? 무조건적인 순응도, 무모한 반항도 정답이 될 수는 없습니다. 제가 생각하는 첫 번째 원칙은 존중하되, 맹신하지 말라는 것입니다. 선배의 경험과 연륜에 대한 존중은 기본입니다. 하지만 그 의견을 비판 없이 받아들이는 맹신은 경계해야 합니다. 예의를 갖추되, 의학적 근거에 기반한 자신의 의견을 논리적으로 제시할 수 있는 용기가 필요합니다.

두 번째는 관계의 거리를 파악하고 전략을 달리하는 것입니다. 몇 년 차이 나지 않는 선배와의 관계에서는 감정적인 대응보다 업무 자체에 집중하는 것이 효과적일 수 있습니다. 반면, 수십 년 차이의 대선배를 설득하려면 개인적인 호소보다 객관적인 데이터와 최신 연구 결과를 근거로 제시하는 치밀함이 필요합니다. 마지막으로 수직적인 선후배 관계에만 의존하지 말고 나만의 수평적 네트워크를 구축해야 합니다. 힘든 의료계 생활에서 가장 큰 힘이 되어주는 존재는 고난을 함께 겪는 동기들입니다. 다양한 동아리 활동이나 학회 등을 통해 마음이 맞는 선배나 다른 분야의 동료들과 폭넓은 유대 관계를 맺는 것이 중요합니다. 이러한 수평적 네트워크는 힘든 수련 과정을 버티게 해주는 가장 든든한 사회적 안전망이 될 것입니다.

우리 의료계가 궁극적으로 지향해야 할 선후배 관계는 군대식의 상명하복이 아닌, 의학이라는 공동의 목표를 가진 전문가 공동체로서의 수평적 연대입니다. 경직된 위계질서는 단순히 후배를 고통스럽게 만드는 것을 넘어, 의사들 간의 자유로운 소통을 막아 진료나 수술 시에 치명적인 문제로 이어질 수 있습니다. 후배가 두려움 없이 질문하고 이견을 제시할 수 있는 문화야말로 환자와 여러분을 가장 안전하게 지키는 길입니다.

그리고 미래의 의사가 될 여러분에게 진심으로 부탁하고 싶습니다. 부디, 여러분이 그토록 바라는 좋은 선배가 되어주십시오. 훗날 여러분이 후배를 맞이했을 때, 그들의 미숙함을 질책하기보다 그 안에 숨겨진 가능성을 믿고 기다려주는 선배가 되어주십시오. 자신의 소중한 경험을 나눠주되, 그것을 유일한 정답처럼 강요하지 않는 지혜로운 선배가 되어주십시오.

의료계의 문화는 지금 이 순간에도 누군가의 선택과 행동으로 끊임없이 변화하고 있습니다. 여러분이 마주할 문화, 그리고 여러분이 다음 세대에게 물려줘야 할 문화는 바로 오늘 여러분이 만들어줄 수 있습니다.

학원 문을 두드리는
너의 어깨를 두드려주고 싶다

의대생이 받는 사교육의 비밀

'의대만 합격하면 이 지긋지긋한 입시 경쟁은 끝일 거야.'

혹시 이런 생각으로 의대를 꿈꾸고 있나요? 달콤한 꿈에 찬물을 끼얹어 미안하지만, 그 생각은 반은 맞고 반은 틀렸습니다. 수능이라는 거대한 산을 넘은 의대생들 앞에는, 일명 '고시'라고 불리는 의사국가시험(국시)이라는 끝판왕이 버티고 있으니까요. 그리고 놀랍게도, 이 마지막 관문을 넘기 위해 의대생들 역시 중고등학생들처럼 학원 문을 두드린다는 게 사실입니다. 역시 대한민국은 사교육 공화국이라는 생각에 헛웃음이 나오기도, 한편으론 씁쓸해지기도 합니다.

매년 의사국가시험 합격률은 평균 95퍼센트에 달합니다. "에게, 95퍼센트면 거의 다 붙는 거 아니야?"라고 말하기 쉽죠. 하지만 의대생에게 이 숫자는 공포 그 자체입니다. 뒤집어 말하면 매년 100명 중 다섯 명, 150명 이상의 불합격자가 꾸준히 발생한다는 의미니까요. 5퍼센트의 불합격자 중에 한 명이 내가 될 수 있다는 불안감, 그리고 합격률이 높기에 오히려 떨어졌을 때 감당해야 할 실패자라는 낙인과 합격한 동기들과의 단절은 상상 이상의 압박으로 다가옵니다.

지금 불안하다면 잘하고 있는 것이다

국시에 한 번 떨어진 뒤, 연락이 두절되었다가 다음 해에 저를 찾아와 상담을 요청한 한 의대생이 있었습니다. 그는 수척해진 얼굴로 "교수님, 그동안 마음이 너무 힘들었습니다. 같이 공부하고 실습하던 친구들은 이제 가운을 입고 인턴으로 일하고요. 물론 자기들도 고생한다고 하지만 병원 신분증이나 일하는 모습을 SNS에 올리는데 그걸 볼 때마다 심장이 내려앉습니다. 다시 공부를 시작해야 하는데, 책상에 앉기도 너무 싫어요"라며 한숨을 쏟았습니다. 그에게 1년 뒤의 합격은 단순히 의사 면허를 따는 것을 넘어, 잃어버린 자존감과 일상을 되찾기 위한 처절한 싸움이었기에, 결국 저도 학원을 추천해 줄 수밖에 없었습니다.

이런 불안과 절박함을 해소해 줄 수 있는 수단이 바로 의대생 전문 학원입니다. 정확한 통계는 없지만 제가 아직 교수가 되기 전에 학원으로 출강을 나가던 시절, 현장에서 체감하기로는 매년 국시를 치르는 의대생의 약 3퍼센트에서 5퍼센트, 많게는 그 이상이 직간접적으로 학원의 도움을 받았습니다. 특히 유급을 당해 동기들과 멀어졌거나, 휴학을 오래해서 공부의 흐름을 놓친 의대생들에게 학원은 마지막 동아줄처럼 느껴집니다.

제가 상담했던 한 의대생의 이야기를 들려드리겠습니다. 그는 예과 2학년을 다니던 중 한 과목에서 안타깝게 F를 받았습니다. 함께 입학했던 동기들과는 거리가 멀어져버렸죠. 본과 2학년에 올라가서 한 번 더 유급을 한 뒤, 1년을 쉬고 복학하니 마치 처음 입학한 듯 의대 생활이 더욱 낯설었습니다. 동기들은 이미 선배가 되어 저만치 앞서가고, 새로 만난 후배들과는 어색한 기류만 흘렀죠. 방대한 국시 범위를 어디서부터 어떻게 시작해야 할지 막막함에 잠 못 이루던 그는 결국 강남에 있는 국시 학원 종합반을 등록했습니다. 그에게 학원은 단순히 지식을 얻는 곳이 아니라, 무너진 학습 리듬을 되찾고 '나와 같은 처지의 동료'들과 함께 있다는 소속감을 느끼게 해주는 심리적 안정제였던 셈입니다.

✚

의대생이 학원을 다니는 이유

그렇다면 이 학원들은 의대생들에게 구체적으로 어떤 안정제를 쥐여주는 걸까요?

첫 번째, 시험에 대한 정보와 전략입니다. 국시는 이틀간 치르는 필기시험과 별도로 진행되는 실기시험으로 나뉩니다. 필기시험은 인체의 기초와 기초의학을 다루는 의학총론, 내과, 외과, 소아과 등 다양한 임상분야를 다루는 의학각론, 그리고 의료인의 기본적 법적 책임과 윤리에 대한 지식을 평가하는 보건의약관계법규가 있습니다. 특히 이 과목은 많은 의대생이 골치 아파하죠. 학원은 이 방대한 내용을 과목별로 요약하고, 수십 년간 축적된 기출문제, 즉 족보를 철저히 분석해 시험에 나올 만한 문제들만을 효율적으로 전달합니다. 의대생들이 자체적으로 만드는 족보를 넘어, 전문 강사진이 최신 출제 경향까지 반영해 만든 거대한 학습지나 참고서를 제공하는 것이죠.

두 번째, 실기시험 대비입니다. 실기시험은 의대생 대부분이 가장 불안해 하는 단계입니다. 실기시험은 표준화환자를 진료하는 CPXClinical Performance Examination와 핵심 임상 술기를 평가하는 OSCEObjective Structured Clinical Examination로 구성됩니다. 표준화환자 앞에서 땀을 뻘뻘 흘리며 정해진 시간 안에 진단과 교육을 마쳐야 하고, 차가운 마네킹을 상대로 정확한 술기를 선보여야 합니다. 아무리 객관적인 채점표가 있다 한들, 의대생들은 "교수님, 제 표정이 어색하진 않았나요?" "환자에게 공감하는 태도를 잘 보였을까요?"라고 걱정하며 혹여라도 점수에 영향을 미칠 주관적 요소에 대해 불안해 합니다. 학원은 바로 이 지점을 파고듭니다. 의대생들이 실제 시험장과 유사한 환경에서 더 익숙하게 표준화환자 진료와 술기를 수행할 수 있는 팁을 전달해 줍니다.

이런 전문적인 서비스의 비용은 당연히 만만치 않습니다. 수백만 원을 호가하는 종합반 비용은 웬만한 국립대 한 학기 등록금과 맞먹는 수준입니다. 최근에는 실시간 온라인 강의, 소그룹 실기 스터디, 특정 과목만 수강하는 단과반까지 형태도 다양해졌습니다. 하지만 이러한 사교육 시장의 확대에는 씁쓸한 이면과 비판의 목소리도 존재합니다. 의대 내에서도 경제적 여건에 따른 교육 기회의 불평등 문제가 발생할 수 있기 때문입니다. 수백만 원에 달하는 학원비는 형편이 어려운 의대생들에게는 상당한 부담이며, '남들은 다 듣는데 나만 뒤처지는 것 아닌가' 하는 불안감을 가중시킬 수 있습니다. 이는 국시라는 중요한 관문 앞에서 모든 의대생이 공정한 출발선에 서기 어렵게 만드는 요인이 될 수 있다는 우려로 이어집니다. 또 일선 의학 교육자들 사이에서는 의대생들이 학교의 정규 교육 과정에 집중하기보다 시험 합격을 위한 기술 습득에만 매몰될 수 있다는 자성의 목소리가 나오기도 합니다.

학원을 찾는 의대생들의 면면도 다양합니다. 학원은 성적이 부족한 학생들만 찾는 곳이 아닙니다. 학교 성적은 최상위권이지만 유독 실기시험에 자신이 없는 학생도 있습니다. 시험이나 공부는 정말 자신 있지만 다른 사람 앞에 나서는 걸 어려워하는 유형입니다. "암기에는 누구보다 자신 있는데, 모르는 사람 앞에서 연기하듯 진료하는 건 정말 못하겠어요. 차라리 돈을 내고서라도 확실하게 불안감을 없애고 싶어요"라고 말합니다.

또 다른 주요 고객층은 헝가리나 우즈베키스탄 등 해외 의대를 졸업하고 우리나라 의사 면허를 취득하려는 이들입니다. 이들은 의학 지식은 충분할지 몰라도, 우리나라 국가시험의 시험 유형과 의료계 문화, 심지어 의학 용어의 미묘한 뉘앙스 차이에도 익숙하지 않습니다. 이들에게 학원은 우리나라 의료계로 진입하기 위한 필수적인 절차인 셈입니다. 이들은 해외 의대를 졸업하면 국시를 치를 수 있게 해주는 예비 시험에 합격하고 우리나라 국시를 쳐야 합니다. 이 예비 시험은 보건복지부 장관이 인정한 해외 의대를 졸업한 이들이, 우리나라 의대 졸업생과 동등한 수준의 의학 지식과 실기 능력을 갖추었는지 공식적으로 검증하는 제도입니다. 이 학생들이 치러야 하는 시험이 우리나라 의대생들보다 더 많은 만큼 사교육으로의 유인은 더 커지겠지요.

제가 학원에서 일하며 만났던 한 어머님은 아들보다 더 국시 방식과 출제 현황에 해박하셨습니다. 자녀의 수능부터 재수 생활, 또 타지에서 힘들게 겪어온 해외 의대 생활까지 철저하게 관리해 오신 그분께 국시는 부모가 주도하는 자녀 인생 프로젝트의 마지막 관문이었죠. 이미 이런 분들은 국시가 어떻게 변화하는지, 어떻게 공부를 해야 하는지, 자신만의 계획을 가지고 있습니다. "이번 실기 시험에 새로운 항목이 추가된다는데" "국시는 이번에 어떤 분들이 많이 출제하신다던데"라고 말하며 정보를 교수보다 더 빠삭하게 알고 계시죠. 자녀가 성인이 되어 꿈을 이루는 길 위에서도 끝나지 않는 부모의 열망과 자녀의 부담감을 보며 마음이 복잡해지곤 합니다.

전 세계 의대생들도 사교육을 받는다

안타깝지만 신기한 것은 이런 의대생 사교육 시장이 한국에만 있는 현상은 아니라는 점입니다. 의사라는 면허증의 가치가 높은 사회에서는 어디서든 비슷한 풍경이 펼쳐지는 것이겠죠. 미국에서는 의사면허시험United States Medical Licensing Examination, USMLE 준비가 거대한 산업을 이룹니다. 미국 의대생 대부분이 '카플란Kaplan' 같은 대형 교육 기업부터 '유월드UWorld'라는 온라인 문제 은행 사이트를 이용한다고 알려져 있습니다. 단순히 시험 합격을 넘어, 인기 있는 과에 지원하기 위해, 고득점을 목표로 수많은 의대생이 비싼 돈을 내고 강의를 듣고 문제를 풉니다. 독일 의대생들은 '암보스Amboss'라는 디지털 학습 플랫폼을 통해 국시를 준비하고, 일본 역시 여러 국시 대비 전문 학원이 성업 중입니다. 결국 방대한 학습량과 높은 경쟁률이라는 환경 속에서, 효율적인 시험 준비에 대한 수요는 세계 공통의 현상인 셈입니다.

이렇듯 의사 면허를 둘러싼 사교육은 세계적인 현상이지만, 놀랍게도 이 경쟁은 면허 취득에서 끝나지 않습니다. 인턴과 전공의 수련을 마친 뒤 치르는 전문의 자격 시험을 위해서 또 다른 사교육 시장이 존재하기 때문입니다. 매일 이어지는 수술과 당직으로 몸은 파김치가 되고, 두꺼운 전공서적은 먼지만 쌓여갑니다. 도저히 혼자 공부할 시간이 나지 않는데 공부를 해야 할 시기는 다가옵니다. 물론 어떤 전공의에게 시험은 아무 부담이 아니지만 어떤 전공의에게 시험은 또 하나의 장벽입니다. 의사 면허라는 관문을 통과해도, 전문의라는 또 다른 자격을 얻기 위해서 다시 사교육에 발을 들여야 하는 안타까운 현실이 의대생을 꿈꾸는 청소년들, 혹은 의대를 다니고 있는 학생들이 반드시 알아야 할 미래입니다.

물론 학원을 다닌다고 모두 좋은 의사가 되는 것은 아닙니다. 시험 성적과 의사의 역량은 별개의 문제니까요. 이상적으로는 의대 교육만으로도 충분한 역량을 갖추고, 국가시험은 그 역량을 공정하게 평가하는 장이 되어야 할 겁니다. 하지만 의사가 되어 해야 할 숭고한 일보다, 의사가 되는 '자격' 자체가 더 중요해져버린 것만 같습니다. 어쩌면 이 쓸쓸한 현실을 직시하고, 그 안에서 나는 어떤 의사가 될 것인지 고민하는 것 또한, 이 책을 읽는 예비 의대생 여러분에게 주어진 또 하나의 과제일지도 모르겠습니다.

노력만큼 성적이 나오지 않아도 괜찮다

의대생의 첫 번째 고비, 재시와 유급

예과 2년, 본과 4년으로 구성된 의대 6년을 보내고 칼같이 바로 졸업하기는 쉽지 않습니다. 약 15퍼센트 정도의 학생들은 6년 이상 의대를 다닙니다. 매우 뛰어난 학생들이 모여 있지만 역설적으로 여러분과 경쟁하는 학생들이 모두 공부에 일가견이 있기 때문에 좋은 성적을 유지하기가 어렵습니다. 특히 본과 1학년, 2학년에 몰려 있는 기초의학 이론은 엄청난 학업 부담이고, 해부학, 생리학, 조직학, 병리학, 생화학, 약리학, 예방의학 등의 계속해서 발전하는 분야의 학술적 정보를 이해해야 하기 때문에 잠깐 공부의 리듬을 놓치거나, 슬럼프에 빠지게 되면 회복이 쉽지 않습니다. 의대 대부분에서는 하위 일정 비율을 다음 학년으로 진급시키지 않는 제도가 있습니다. 이를 유급이라고 부릅니다.

실패가 아니라 '잠깐 멈춤'의 시간, 유급

유급은 의대만의 독특한 제도입니다. 의대가 아닌 대학교들의 과들은 커리큘럼이 유동적입니다. 전공의 핵심 과목이 학기마다 개설되고, 한 과목에서 실패하더라도 재수강의 기회나 계절학기, 타 과목으로의 대체가 어느 정도 가능합니다. 하지만 의대에서 한 과목의 실패는 한 학년을 다시 시작해야 한다는 큰 의미입니다. 의대에서는 학생들이 과목을 선택할 수 없고, 교육과정에서 제시하는 모든 과목을 정해진 일정에 따라 소화해야 합니다. 즉 한 과목에서 F 학점이 나오면 그 과목만 다음 학기에 수강할 수 있는 방법이 없고, 그 학기 모든 성적에 대한 기록이 사라지기 때문에 모든 과목을 다음 해에 다시 한번 수료해야 합니다.

의대생들은 한 학기 최대 10과목 정도를 수강하게 됩니다. 중간고사, 기말고사 점수가 중요한 와중에 출석 점수도 기본으로 챙겨야 합니다. 최근 교육과정이 다양해지면서 강의 중간중간 퀴즈나 형성 평가가 있거나, 실습이나 조별 과제가 추가됩니다. 이런 다양한 평가를 거쳐 최종적으로 100점 만점에 60점 이상은 획득해야 기계적인 과락이 나오지 않습니다. 담당 교수들에 따라 달라지기도 하지만 이런 절대적인 평가에서 미달할 경우 해당 과목에서 과락이 되면서 한 학년을 다시 들어야 하는 유급으로 이어집니다.

의대마다 과락이 빈번하게 발생하는 과목들이 있습니다. 제가 다녔던 학교는 해부학, 생화학, 미생물학이 F가 나오기로 유명한 어려운 과목들이었습니다. 다른 의대들도 주로 유급은 본과 1, 2학년에 집중되는데, 이 시기는 의학의 기초적 배경지식이 되는 해부학, 조직학, 생화학, 약리학, 병리학, 생리학 등을 몰아서 배우고, 평가의 대부분이 지필고사로 치러집니다.

심지어 본과가 아닌 예과에서도 유급되는 경우도 있는데 이를 예과를 3년한다고 하여 '예3'이라고 부릅니다. 최근 일부 의대는 예과와 본과의 구분을 없애고 있습니다. 전통적으로 예과 2년은 의대생들이 본과에 진학하기 전 이를 준비하는 재충전의 시기로 여겨졌는데, 의학이 급격하게 발전하면서 본과 4년에 기초, 임상의학을 모두 강의하기가 어려워졌기 때문입니다. 그래서 의대를 아예 본과 6년으로 전환하는

'M'학년 제도가 정착되고 있습니다. 그래서 해부학과 조직학 같은 중요한 기초 과목을 예과 2학년으로 내리고, 예과 1학년에도 본과에서 배우는 의학 교육을 조기에 실시합니다. 자연스럽게 입학하고 1, 2년 이내에 유급을 경험하는 비율도 높아질 수밖에 없습니다.

희비가 교차 되는 순간, 재시

물론 실패를 한 번 했다고 바로 유급으로 직행하는 매몰찬 사례는 자주 발생하지 않습니다. 바로 다시 한번 공부하고 시험을 새로 치를 수 있는 기회인 '재시' 덕분입니다. 재시는 크게 두 가지 상황에서 발생하는데 시험 난이도 조절에 실패해서 예상보다 많은 학생이 기준 점수에 미달할 때 구제를 목적으로 실시할 수 있고, 일부 학생이 정말 약소한 차이로 기준 점수에 도달하지 못했을 때 한 번 더 기회를 주기도 합니다. 의대생의 입장에서 재시는 매우 큰 실망임과 동시에 마지막 희망이기도 합니다. 재시 대상자로 선택되었다는 말은 방학이 시작될 때 또는 다른 과목 시험이 시작될 때 다시 그 과목을 공부해야 한다는 말입니다. 그래서 해외 여행 등애써 짠 계획을 못하게 되거나 시험 공부할 과목의 개수가 늘어나면서 다른 과목에도 큰 영향을 미치게 됩니다.

하지만 반대로 교수들의 권한으로 재시가 없을 수도 있습니다. 그런데 재시가 있으면 하마터면 유급을 당해 한 학년을 다시 할 위기의 직전에서 마지막 기회를 받았다는 말이기도 합니다. 인생의 큰 위기 직전에서 게임을 다시 치를 수 있는 코인 하나를 더 받은 셈이지요.

재시 준비는 더 심리적 압박이 큽니다. 시험까지의 기간은 길어도 일주일 미만입니다. 이번에도 실패하면 얄짤 없이 유급이라는 부담감이 심지어는 인생에서 벼랑 끝으로 몰렸다는 자괴감으로 과장되기도 합니다. 게다가 재시 대상자는 F는 면했지만, 이미 낮은 성적은 확정된 것이나 마찬가지입니다. 또 어떤 재시는 이번에 치렀던 시험을 동일하게 다시 치르는 정도로 끝나지만, 최악의 경우 모든 개념을 주관식으로 정리하라는 돌발 변수에 처할 수도 있습니다. 저는 이제 교수이고 학생들의 이런 부담감을 알기 때문에 재시를 치를 때 일정과 시험 범위를 배려해 주는 편이지만, 이런 과정 자체가 학생들의 성취에 도움이 된다고 생각하는 교수들도 많이 있기에 재시의 여부나 형식을 쉽게 예측할 수 없습니다. 더 최악은 한 학생이 여러 개의 재시를 동시에 치러야 하는 경우입니다. 이 때는 정말 심리적 압박이 심하고, 시험을 치르더라도 결과가 나아지지 않아 대부분 유급으로 이어지게 됩니다.

심지어 의대에서 유급되는 경우는 한 과목에서 F가 나오는 경우만이 아닙니다. 의대 대부분은 '평락'이라는 제도도 가지고 있습니다. 한 과목에서 F가 나오지 않더라도 한 학기 또는 두 학기의 평균 성적이 일정 기준에 미달할 경우 자동적으로 유급 처리가 됩니다. 대학교에서 학점은 4.5점 만점 또는 4.3점 만점 제도로 운영되는데 (A플러스가 나오면 4.5, A면 4.0 이런 식의 점수 환산입니다) 평균 1.5점에서 2.0 정도의 성적 기준선에 미달하면 자동으로 유급됩니다. 학점으로 보면 평균 C 정도입니다. 지금 이 책을 읽으시는 분들은 '의대에 다니는 학생에게 이 정도가 어렵다고?' 의아해 하실 수 있지만, 뛰어난 학생들 사이에서 조금만 뒤처져도 이런 상황은 자주 발생합니다. 한두 과목 재시로 공부의 리듬이 끊기거나 정서적으로 타격을 입으면 한 학기의 성적 자체가 폭락하는 상황은 드물지 않습니다.

의대생들은 시험 기간에 더 끈끈해진다

이런 엄격한 학사 관리가 의대 교육의 질을 유지하는 중요한 기전입니다. 그만큼 의대생들이 받는 압박감은 심합니다. 저도 의대를 졸업한 지가 20년이 지났지만, 가끔 힘든 하루를 보냈거나, 정서적으로 힘든 일이 있으면 꼭 본과 1, 2학년 시험 기간, 국시, 고3 수학능력시험 순으로 꿈을 꿉니다. 분명히 저는 이제 의대 졸업을 하고 의사가 되어 있는 것 같은데, 꿈에서는 계속 재시를 치르고, 유급을 하게 되니 악몽도 이런 악몽이 없지요. 그만큼 의대에서 유급과 성적에 대한 압박은 정신적으로 상흔을 남깁니다.

이런 압박감은 의대생이 겪는 가장 큰 어려움 중 하나입니다. 방대한 수업 분량과 빠른 진도, 그리고 시험을 치를 때마다 계속해서 일정한 비율의 탈락자가 발생한다는 상황 자체가 큰 정서적 스트레스입니다. 이때 주변 동기들, 선후배들, 가족의 정서적 도움이 반드시 필요합니다. 저도 의대생 시절에는 그렇게 뛰어난 학생이 아니었습니다. 항상 유급과 재시는 제 가까이 있었습니다. 그때 동기들이 나눠준 조언, 공부 자료와 같은 실질적 도움, 선배들의 위로는 아직도 가장 큰 고마움 중에 하나입니다.

슬럼프가 왔다면 쓰러지지 말고
반갑게 맞아줘라

의대생의 두 번째 고비, 슬럼프 관리법

의대생이라는 이름 앞에는 대개 성실함, 명석함, 완벽함과 같은 수식어가 따라붙습니다. 청소년기에 학업 성적이 뛰어났고, 가장 커트라인이 높은 의대에 입학한 이후 하얀 가운을 향한 여정은 한 치의 오차도 없는 완벽한 궤도를 따라가는 것처럼 보입니다. 하지만 그 눈부신 빛의 이면에는 누구에게도 쉽게 털어놓지 못하는 짙은 그림자가 존재합니다. 바로 슬럼프라는 이름의 깊고 어두운 터널입니다. 이 터널은 때로 예고 없이 찾아와 모든 것을 집어삼킵니다. 그래서 이

터널에 갇히게 되면 한때는 꿈이었던 의사의 길이 감당할 수 없는 무게의 고통처럼 느껴지기도 합니다.

✚

슬럼프는 지친 마음이 내게 보내는 구조 신호다

제가 맡은 한 지도 학생은 본과 3학년, 병원 실습을 막 시작한 시점에 저를 찾아왔습니다. 늘 상위권을 유지하던 명민한 학생이었지만, 그의 눈빛은 평소와는 달랐습니다. "교수님, 제가 뭘 하고 있는지 모르겠습니다. 매일 병원에 나가지만, 저는 그냥 서 있는 사람 같아요. 사회에 아무런 도움이 되지 못하는 것 같습니다. 지난 10년을 시키는 대로 달려왔는데, 이제는 그 이유를 완전히 잃어버렸습니다." 이 의대생의 고백은 결코 특별한 사례가 아닙니다. 의대라는 특수한 환경 속에서 수많은 학생이 비슷한 내적 싸움을 겪고 있습니다.

의대생의 슬럼프는 단순히 성적이 떨어지거나 공부가 하기 싫은 수준의 문제가 아닙니다. 이는 정체성의 위기이자, 심리적 탈진에 가깝습니다. 그 원인은 복합적이지만, 크게 세 가지 심리적 기제로 설명할 수 있습니다.

첫 번째, '상대적 박탈감'의 충격입니다. 의대생 대부분은 중고등학교 시절 전교 1등을 놓치지 않던 최상위권 학생들입니다. 늘 최고였던 이들이 모인 집단에서, 필연적으로 절반은 평균 이하가 됩니다. 난생 처음 받아보는 낮은 등수와 동기들과의 격차에 너무 충격을 받은 나머지 일부는 자신의 지적 능력과 존재 가치에 대한 근본적인 회의감을 느끼기도 합니다. 특히 첫 유급을 겪으면 스스로 실패자로 낙인 찍고는 극심한 무력감과 소외감에 빠지기도 합니다. 이걸 극복하지 못하면 학업 포기까지 하게 됩니다.

두 번째, 끝나지 않는 마라톤이 주는 '목표 상실감'입니다. 수능이라는 명확한 결승점을 통과한 이들에게 의대 6년, 그리고 이어지는 인턴, 전공의, 펠로우 과정은 마치 결승선 없는 트랙을 영원히 달려야 하는 것처럼 느껴집니다. 단기적 성취감은 잠시일 뿐, 곧바로 더 방대한 양의 공부와 수련이 파도처럼 밀려옵니다. 이 과정에서 처음에 가졌던 사명감이나 열정은 점차 소진되고, '나는 왜 이 고통스러운 길을 계속 가야 하는가'라는 질문 앞에 무너지게 됩니다.

셋째, 완벽주의의 탈을 쓴 가면 증후군입니다. 의대생들은 가족과 주변의 큰 기대를 받고 자라온 경우가 많습니다. 그래서 실수해서는 안 된다는 엄청난 압박감을 느낍니다. 겉으로는 괜찮은 척해도 자신의 부족함이 드러날 것에 대한 끊임없는 불안이 내재해 있습니다. '사실 나는 이 자리에 있을 만큼 똑똑하지 않아' '곧 나의 바보 같음이 드러나게 될 거야'

라는 생각에 사로잡혀, 성공적인 결과를 내고도 이를 자신의 실력으로 받아들이지 못하고 운이나 외부 요인 덕분이라고 착각합니다. 이는 의대생들이 주로 겪는 만성적인 불안과 우울의 원인이 되며, 심각한 경우 스스로를 학업에서 고립시키는 결과를 낳습니다.

의대생들이 이런 슬럼프를 적절히 관리하지 못할 때, 안타깝게도 우울증이라는 더 깊은 수렁으로 빠져들게 됩니다. 여러 연구에 따르면 의대생의 우울증 유병률은 일반 인구 집단에 비해 현저히 높으며, 자살 생각 유병률 또한 심각한 수준입니다. 하지만 더욱 비극적인 것은, 이들은 완벽주의의 탈을 쓴 가면 증후군 때문에 타인의 도움을 요청하는 데 서툴다는 점입니다.

환자를 돌보는 만큼 나를 돌봐야 한다

보수적인 의료계에서는 의사들 중 누군가 정신적 고통을 드러내거나 취약함을 보이는 것을 나약함과 실패의 증거로 봅니다. 또 정신과 진료 기록은 향후 의사 면허 취득이나 취업에 불이익이 될 수 있다는 막연한 두려움 또한 치료를 받지 못하게 하는 걸림돌입니다. 결국 많은 의대생이 침묵 속에서 홀로 고통을 감내하다가, 돌이킬 수 없는 선택을 하기도 합니다. 10년 전, 저는 제 동기의 장례식장을 가야만 했습니다. 누구보다 밝고 동기들을 잘 챙겼던 그 친구가 남몰래 우울증을 앓고 있었다는 사실을 아무도 몰랐습니다.

만약 지금 빠져나오기 어려운 깊은 터널을 지나고 있다면, 가장 먼저 기억해야 할 사실은 '여러분은 혼자가 아니며, 이것은 당신의 실패가 아니라는 것'입니다. 슬럼프는 의지력의 문제가 아닌, 지친 몸과 마음이 나에게 보내는 구조 신호입니다.

슬럼프 상태에서의 노력은 밑 빠진 독에 물 붓기와 같습니다. 가장 먼저 필요한 것은 모든 일을 잠시 멈추고 의식적으로, 시간을 내서 휴식을 하는 것입니다. 이는 단순히 잠을 자거나 게임을 하는 소극적 휴식이 아닌, 자신의 몸과 마음의 시스템을 재건축하는 적극적 휴식이어야 합니다. 어렵겠지만 며칠만이라도 규칙적인 수면을 취하고 식사를 잘하고, 가볍게 운동을 하면 많은 도움이 됩니다.

의료계 은어 중에는 '벤틸레이션한다'라는 말이 있습니다. 인공호흡기ventilator가 환자의 호흡을 돕듯, 마음속의 답답함과 고통을 말로 내뱉어 환기하는 과정을 뜻합니다. 비슷한 환경과 스트레스를 겪는 동료나 선후배에게 자신의 어려움을 털어놓는 것만으로도 엄청난 도움이 됩니다. 나만 힘든 게 아니라는 동질감을 느끼면 고립감에서 벗어날 수 있습니

다. 또 서로의 등을 두드려주는 경험은 이 험난한 과정을 함
께 헤쳐나가는 동료애라는 중요한 기전이 됩니다. 실제로 많
은 의대생에게 동아리나 같은 학년에서의 친구 무리는 이러
한 정서적 유대와 사회적 안전망을 제공하는 가장 중요한 피
난처가 되어줍니다.

세 번째, 끝없이 자신을 몰아붙이고 자책하는 대신, 가장
친한 친구에게 하듯 스스로에게 따뜻한 위로와 격려를 건네
는 연습이 필요합니다. 자신의 고통과 실패를 보편적인 인간
의 경험으로 받아들이고, 아무 판단도 하지 않고 그저 자신
의 감정을 바라보는 것입니다. 연구에 따르면 자기 연민 수
준이 높은 사람일수록 소진에 대한 회복탄력성이 높고, 학업
성취도 또한 더 높은 것으로 나타납니다. 감기에 걸리면 내
과 의사를 찾듯, 마음에 감기가 걸렸을 때 정신건강 전문가
의 도움을 받는 것은 지극히 당연하고 현명한 일입니다. 학
교의 학생상담센터나 정신건강의학과 의사와의 상담은 낙인
이 아니라, 더 나은 의사가 되기 위한 전문적인 컨설팅 과정
으로 생각해야 합니다.

마지막으로 거창한 목표 대신, 아주 작고 성취 가능한 목
표를 세우고 이를 매일 실천하는 것이 중요합니다. '하루에
한 페이지라도 전공 서적 읽기' 같은 의대 생활에 관련된 것
이 꼭 아니더라도 취미나 인간관계에서 소소한 소통과 성취

들을 모아 무너진 효능감을 회복하고, 다시 앞으로 나아갈 추진력을 만들어야 합니다.

의사가 되는 과정은 지식을 쌓는 것을 넘어, 인간의 고통을 이해하고 자신의 한계를 마주하며 성장하는 시간입니다. 여러분이 지금 겪고 있는 슬럼프와 방황은 결코 버려지는 시간이 아닙니다. 오히려 그 고통의 시간을 통과하며 얻게 된 깊은 자기 이해와 공감 능력은, 훗날 여러분이 의사가 되어서 만날 환자들의 상처를 더 깊이 헤아릴 수 있는 소중한 자산이 될 것입니다.

스스로를 돌보지 못하는 의사는 결코 환자를 제대로 돌볼 수 없습니다. 부디 자신의 아픔을 외면하지 마십시오. 힘들 때는 힘들다고 말하고, 동료의 어깨에 기대어 울고, 전문가의 손을 잡는 용기를 내어주십시오. 그 과정을 통해 여러분은 더 단단하고 지혜로우며, 따뜻한 마음을 가진 의사로 성장할 것임을 저는 굳게 믿습니다.

의대생의 방학은
내면을 키우는 시간이다

의대생이 방학을 더 효율적으로 보내는 법

해마다 방학이 시작될 무렵이면, 몇몇 지도 학생들은 약속이나 한 듯 비슷한 고민을 안고 저를 찾아옵니다. 어떤 학생은 "이번 방학을 그냥 보내면 불안할 것 같아서 교수님 연구실에서 인공지능이나 데이터를 배워보고 싶습니다"라고 말하며 조심스럽게 문을 두드립니다. 또 다른 학생은 "원하는 과에서 서브 인턴Sub-intern *을 하며 눈도장을 찍어야 할지, 아니

면 정말 다 내려놓고 지친 몸을 이끌고 여행이라도 다녀와야 할지 모르겠습니다"라고 말하며 깊은 한숨을 내쉬곤 합니다.

이러한 질문의 이면에는, 혹시 나만 뒤처지는 것은 아닐까, 하루가 다르게 변하는 의료 환경에서 경쟁력 있는 의사가 되려면 지금부터 무언가 특별한 것을 해야 하지 않을까 하는 의대생 특유의 성실함에서 비롯된 불안감이 짙게 깔려 있습니다. 의대에 들어오기 전 청소년들이 상상했던 방학은 배낭여행의 낭만적인 재충전, 혹은 새로운 세계에 대한 도전이었을 겁니다. 하지만 본과생으로서 생활하다 보면 달력에서 '방학'이라는 단어는 종종 그 의미를 잃고, 다음 학기의 엄청난 학습량과 숨 막히는 평가를 대비하기 위한 준비 기간으로 이름을 바꾸곤 합니다.

방학이라는 짧고 유명무실한 이 시간을 우리는 어떻게 바라보고 설계해야 할까요? 제 생각은 의외로 간단합니다. 첫 번째, 무엇보다 의식적인 쉼을 최우선으로 삼을 것. 그리고 두 번째, 여력이 있다면 의료라는 섬 밖의 진짜 사회를 온몸으로 경험해 볼 것. 이 두 가지 원칙을 단단한 축으로 삼는다면, 서브 인턴이든, 연구실 생활이든, 여행이든 그 어떤 선택

인턴처럼 근무하며 업무를 미리 경험해 보는 단기 임상 실습 과정입니다. 장차 해당 진료과에 전공의로 지원할 때 긍정적인 인상을 주기 위한 목적으로 참여하는 경우가 많습니다.

도 여러분을 깊이 있게 성장시키는 자양분이 될 수 있을 겁
니다.

✚

슬기로운 의대 방학 생활

의대의 시간은 학년이 올라갈수록 온전한 나만의 것이 아
니라고 느낄 때가 많습니다. 특히 본과 3학년 임상 실습이
시작되면 의대생의 시간은 팀 단위로 묶이고, 이른 아침의
회진, 밤 늦게까지 이어지는 케이스 발표 준비, 그리고 수시
로 닥쳐오는 OSCE나 CPX 같은 실기 시험의 압박 속에 잠
식당합니다. 달력의 빈칸은 사실 자유 시간이 아니라, 학기
중에 돌보지 못했던 건강에 진 빚을 갚아야 하는 시간입니
다. 임상 실습을 하며 처음으로 환자의 고통과 죽음을 목격
하고, 보호자의 절망을 마주하며 엄청난 감정 노동을 수행
합니다. 동시에 수면 부족과 불규칙한 식사로 몸은 무너져
내립니다.

방학은 바로 이 무너진 몸과 마음을 의식적으로 재건하
는 회복의 시간입니다. 충분한 수면과 균형 잡힌 식사, 전자
기기의 화면을 잠시 끄고 보내는 느슨한 시간은 이런 육체
적, 정신적 소진을 회복하는 시간입니다. 또 뇌가 지난 학기

에 배운 방대한 지식을 장기 기억으로 전환하도록 돕는 전략의 시간입니다. 의대생은 뇌가 충분히 쉴 때 비로소 지식을 저장하고 문제 해결 능력을 회복한다고 배웠지만 정작 자신에게는 이 진리를 가장 인색하게 적용하는 사람이기도 합니다.

✚

연구실에서 공부를 더 하고 싶다면

물론 몇몇 의대생은 이 귀한 시간에 '고위험 고수익 투자'를 하기도 합니다. 서브 인턴십이나 연구실 생활이 대표적입니다. 저는 이 공격적인 투자가 장기적으로 훌륭한 의사로 스스로를 성장시키는 밑거름이 되는 경우를 많이 보았습니다. 서브 인턴은 회진 때 환자 상태를 교수에게 보고하고, 직접 처방을 내보고, 타과에 협진을 의뢰하는 전화를 돌리며, 교과서에는 나오지 않는 병원 시스템의 속살과 그 안에 숨은 교육과정을 경험하게 됩니다.

연구실 생활은 질문을 던지고, 데이터를 통해 답을 찾고, 그 과정을 논리적인 글로 써내는 능력을 훈련하는 최고의 방법입니다. 광대한 연구 데이터베이스 속에서 수십 편의 논문을 읽으며 자신이 하려는 연구의 큰 그림을 그리고, IRB Institutional

Review Board 승인 절차*를 배우며 연구 윤리를 고민하고, 통계 프로그램을 돌리며 데이터 이면의 의미를 해석하는 과정은, 훗날 인공지능이 쏟아내는 연구 결과를 비판적으로 수용해야 할 의사에게 반드시 필요한 역량을 길러줍니다. 다만 이 선택은 충분한 체력과 명확한 목적의식이 전제될 때만 의미가 있습니다. 그렇지 않으면 성장이 아닌 소진으로 귀결될 위험이 큽니다.

✚

의대 밖의 사회로 나가는 걸 추천하는 이유

저는 학생들에게 기회가 된다면 오히려 '의대 밖의 사회'를 경험해 보라고 더욱 강하게 권하고 싶습니다. 의사가 되면 우리는 병원이라는 고립된 섬 안에서 대부분의 시간을 보내게 됩니다. 그 섬 바깥의 사람들이 어떤 언어로 소통하고, 어떤 규칙으로 일하며, 무엇에 기뻐하고 슬퍼하는지 몸으로 겪어볼 기회는 생각보다 드뭅니다. 카페에서 무리한 요구를

＊　사람을 대상으로 하는 모든 연구가 시작되기 전, 연구 계획이 윤리적이고 과학적으로 타당한지, 연구 참여자의 권리와 안전이 충분히 보호되는지를 심의하고 승인하는 독립 위원회에서 인간 대상 연구를 위한 필수적인 윤리 절차를 거치는 것을 가리킵니다.

하는 손님을 응대하며 익힌 감정 조절 능력, 건설 현장에서 땀 흘리며 깨달은 육체노동의 고단함, 사무실에서 서류를 처리하며 배운 조직의 생리는, 훗날 다양한 배경을 가진 환자와 보호자를 이해하는 가장 강력한 교과서가 됩니다. 환자에게 건네는 설명이 왜 그에게는 외계어처럼 들릴 수 있는지, 생업에 쫓기는 보호자가 왜 병원 지침을 따르기 어려운지 가슴으로 이해하게 되는 것입니다. 여행 역시 마찬가지입니다. 단순히 유명 관광지를 둘러보는 체험 소비를 넘어, 낯선 도시의 병원은 어떤 모습인지, 스쳐 지나가는 노인들은 어떤 동선으로 움직이는지, 약국은 얼마나 가깝고 무엇을 판매하는지 관찰하는 여행은 어떨까요? 혹은 이 모든 것이 버겁다면, 학기 중 소홀했던 가족과 함께 온전한 시간을 보내는 것 또한 중요한 선택이 될 수 있습니다. 그들과의 유대는 앞으로의 험난한 여정을 버티게 해줄 가장 든든한 베이스캠프가 되어줄 것이기 때문입니다.

다시 말하면 의대생의 방학은 이력서의 한 줄을 채우기 위한 시간이 아닙니다. 앞으로 수십 년간 이어질 의사로서의 삶을 지탱해 줄 내면의 힘을 기르는 시간입니다. 그 힘은 충분한 휴식으로 회복된 체력과, 타인의 삶을 이해하는 폭넓은 시야에서 나옵니다. 부디 조급해 하지 마십시오. 짧은 방학 동안 여러분의 몸과 마음을 정성껏 돌보는 것, 그것이 다음

학기를, 그리고 의사로서의 긴 인생을 가장 슬기롭게 준비하
는 방법입니다.

의대 6년을 치열하고, 행복하게 통과한 여러분에게
응원의 박수를 보냅니다.
본과 4학년이 되면 의사국가시험을 칠 수 있는 자격이
주어집니다.
국시를 통과하고 나면 마침내 그토록 꿈꾸던 의사가
될 수 있습니다.
국시는 어떻게 준비해야 합격할 수 있을까요?
어떤 과를 선택해야 할까요?
전공의는 병원에서 무슨 일을 할까요? 의사가 되기 전에
준비를 단단히 한다면
조금 더 슬기로운 의사 생활을 할 수 있을 것입니다.

✚ STEP 3. ✚

의사가 되기 전에 알아야 할 것들

❶ 의사국가시험을 합격하는 방법은 무엇일까?

❷ 나에게 맞는 과를 어떻게 선택해야 할까?

❸ 전공의는 병원에서 어떤 일을 할까?

❹ 의사과학자란 무엇일까?

의사가 되는 마지막 관문, 의사국가시험

합격을 부르는 의사국가시험 준비 전략

의사 면허증을 얻기 위해서 넘어야 할 문이 많습니다. 일단 첫 번째 관문은 매년 매 학기 시험이고 마지막 문은 '고시'라고까지 불리는 의사국가시험입니다. 이 마지막 문까지 통과해야 비로소 의사가 됩니다. 의사국가시험은 의대 졸업자 또는 예정자에게 응시 자격이 주어집니다.

국시는 필기시험과 실기시험으로 이뤄져 있는데요. 필기시험은 매년 1월 초에 이틀간 진행됩니다. 필기시험은 전 과목 총점의 60퍼센트 이상, 매 과목 만점의 40퍼센트 이상 획득해야 합격합니다. 실기시험은 9월과 11월 사이에 실시되며 의대 교수로 구성된 합격선 심의 위원회에서 결정한 합격 점수 이상을 득점하면 통과합니다.

여기서 문제는 국시 합격률이 95퍼센트를 웃돌기 때문에 발생해요. 한국보건의료인국가시험원(국시원)에서 발표한 내용에 의하면, 2024년도 실기시험 합격률은 95.5퍼센트, 필기시험 합격률은 94.2퍼센트였습니다. 합격률이 높지만 예비 수험생들은 안도감과 부담감을 동시에 느낍니다. 통계만 보면 의대생은 이 시험에서 거의 떨어지지 않으리라 생각하기 때문입니다. 그래서 누구나 다 붙는 시험을 나만 떨어지면 어떡하지 하는 불안감을 느끼는 것이죠. 막상 시험을 준비해 보면 광범위한 시험 범위와 빠듯한 일정에 막막하기만 합니다. 출제 범위는 의대생 6년 내내 배운 의학 전 범위로 내과, 외과, 산부인과, 소아과, 정신과는 물론이며 예방 의학, 의료 법규까지 총망라되어 있습니다.

학교 시험은 의사국가시험의 연습 게임이다

의대생은 매번 엄청난 공부량에 비해 공부 시간이 빠듯해 허덕입니다. 중간고사, 기말고사뿐만 아니라 국시 역시 마찬가지예요. 국시를 치르기 위해 의대생 대부분이 본과 3학년부터 공부 결심을 하지만 각종 시험과 실습 일정에 쉽지 않습니다. 그래서 본과 3학년 때는 실습과 매번 보는 시험에 집중하실 것을 권합니다. 본과 2학년, 3학년 때 했던 실습과 학교 시험에 집중했던 것이 국시에도 도움이 되는 경우가 많기 때문입니다. 학교 시험을 국시를 준비하기 위한 작은 시험대로 생각하고, 교수님들, 조원들과 함께 나눴던 케이스, 최신 지견들을 접할 기회로 삼으시면 좋습니다.

내가 국가시험을 합격할 수 있었던 방법

제가 6년간 의대 공부를 하고 국시에 합격했던 전략을 소개합니다. 첫 번째, 기출문제 중심으로 공부하셔야 합니다. 학교 시험과 마찬가지이죠. 시험 전날 내과학 원서인 《해리슨Hassison》을 펼쳐 놓고 공부하는 친구가 있다면, 다음 학기에 그 친구는 의대에서 사라지고 없을 겁니다. 의대생들은 방대한 양을 공부해야 하는데요. 의대생 대부분이 무사히 의대를 졸업하고 국시를 통과할 수 있는 건 족보와 기출문제 덕분입니다. 짧은 시간 내에 최대의 효율을 내기 위해서는 중요한 것이 무엇인지 알아야 합니다. 시험에는 중요한 것

위주로 출제되기 때문에 기출문제를 중심으로 공부를 하는 것이 우선입니다. 국시 공부는 최근 5개년도 기출문제를 중심으로 합니다. 여기에 추가로 국시를 대비하기 위해 전국적으로 시행하는 임상 종합 평가까지도 살펴봐야 합니다.

두 번째, 반복 또 반복해야 합니다. 국시는 반복해서 보는 사람에게 유리합니다. 시험 당일 전체 과목을 몇 번이나 반복해서 볼 수 있는지 예상해 보시면 좋습니다. 본과 4학년은 국시를 대비할 수 있도록 학사 일정이 비교적 느슨한 편입니다. 의대에 입학 후 처음으로 여유로웠던 시절이었습니다. 그렇다고 일찍 시작할 필요도 없습니다. 효율이 오르지 않기 때문입니다. 개인적으로 시험을 치러야 한다는 심적 부담감에 본과 4학년이 개강하자마자 문제집을 들고 다녔지만, 막상 본격적으로 공부하기 시작한 시기는 반소매를 입고 다닐 무렵이었던 6월에서 7월, 여름부터입니다. 저는 친구들 몇 명과 스터디 그룹을 짜서 시험 전까지 공부했습니다. 혼자 공부하다 보면 늘어지기 마련이니까요. 또 혼자서 전 과목을 다 볼 자신이 없었습니다. 친구 몇몇과 주로 출제되는 문제집을 중심으로 일정 범위를 정해 놓고 공유하다 보면 공부가 뒤로 밀리는 것을 방지할 수 있습니다. 찬바람이 불기 시작하면 몸과 마음이 초조해집니다. 그 전까지 전 과목 1회독을 마무리 짓는 것을 목표로 삼으면 좋습니다.

세 번째. 끝까지 공부할 체력을 길러주세요. 모든 시험 일
정에서 중요한 것은 뒷심입니다. 시험이 가까워지는데 뒤로
갈수록 힘이 빠지면 안 됩니다. 특히 9월부터는 임상 실습 시
험과 임상 종합 평가 시험, 교내 시험까지 치러야 합니다. 체
력적으로 지치지 않도록 컨디션 조절에 신경 써주시는 게 좋
습니다. 국시 전날까지도 공부를 하게 되는데요. 시험장에서
까지 책 수십 권을 모두 들고 다닐 수 없으므로 시험 전날 볼
책 한 권을 마련하시면 좋습니다. 저는 시험 전날 지방에서
서울로 상경해 시험장 근처 숙소에서 동기들과 함께 보냈는
데요. 고속버스를 타고 서울로 올라오면서까지 손에서 요약
본을 놓지 않았습니다. 실제로 그때 본 내용 다수가 시험에
출제되기도 했습니다.

인턴 모집 때 더욱 중요한 국가시험 점수

국시는 기준 점수만 넘으면 합격하는 절대평가 시험입니
다. 하지만 희망하는 수련 병원의 인턴 경쟁률이 높다면 국
시 성적도 중요한 요소 중 하나입니다. 어느 병원 인턴 모집
요강을 살펴보니 국시 성적 40점, 의대 성적 30점, 면접 15점,
기타 15점으로 성적순으로 당락이 결정되었습니다. 이때 국

시 성적은 국시원 발급 성적 T 점수를 기준으로 당해 년도 배점 기준 점수로 환산 적용합니다. 너무 낮은 점수는 인턴 합격 여부에 영향을 줄 수 있습니다.

국시는 의대 6년을 정리하고, 의사가 되기 전 기본기를 빈틈없이 점검하는 시간입니다. 인턴을 거쳐 전공의가 되면 관심 분야의 좁은 문으로 들어가게 되지요. 그래서 국시 때 다진 기본 의학 지식은 평생 진료의 바탕이 됩니다. 오늘 체크한 오답 하나, 정리한 요약 한 줄이 먼 훗날 나의 기본 자산이 됩니다. 국시를 '암기 시험'이 아닌 '평생 써먹을 기본 의학 지식을 다지는 시험'으로 바라보면 좋겠습니다. 6년의 수고는 결코 허투루 사라지지 않습니다. 의대생에서 의사로 넘어가는 마지막 관문 앞에 선 여러분을 응원합니다.

어떤 과에서 일하느냐가
의사 인생을 좌우한다

나에게 맞는 과 정하는 법

의대생에게 가장 큰 고민 중 하나가 바로 '나는 어떤 과의 의사가 될 것인가?'입니다. 의사가 되는 길 자체도 험난하지만, 진짜 고민은 그 다음에 시작됩니다. 과 선택은 단순히 직업적 선택이 아니라 앞으로 수십 년간 살아갈 의사로서의 삶의 방식과도 직결됩니다.

밤낮 없이 응급 호출을 받으며 수술실에 서 있는 외과 의사의 삶과, 환자의 만성질환을 꾸준히 관리하는 내과 의사의 삶은 전혀 다릅니다. 어떤 길을 선택하느냐에 따라 여러분의 생활 리듬, 가족과 보내는 시간, 심지어 성격과 체력까지 차이가 날 수 있습니다. 실제로 많은 의사가 다시 태어난다면 다른 과를 선택하겠다고 말하곤 합니다. 그만큼 과 선택은 인생 전체에 깊은 흔적을 남기는 결정이기 때문입니다. 그래서 예비 의대생이든, 이미 의대에 들어온 학생이든 '의사가 되는 것'이라는 최종 목적지는 물론 나는 어떤 과의 의사가 될 것인지 함께 고민해야 합니다.

✚

간접경험을 통해 과를 미리 겪어보자

우리는 드라마나 책 같은 미디어를 통해 타인의 삶을 간접적으로 살아볼 수 있습니다. 저는 어린 시절부터 의학 드라마를 즐겨 보았고, 자연스럽게 의사를 동경하게 되었습니다. 그중에서 흉부외과 의사가 되고 싶었습니다. 드라마 속 의사처럼 헬기를 타고 전국 방방곡곡을 누비며 환자를 살리는 영웅을 꿈꿨습니다. 하지만 의대생이 되고 나서야 의학 드라마는 환상이었음을 깨닫게 되었습니다. 의대생이 된 이후에는 드라마가 아니라 직접 학교와 병원에서 교수, 선배 전공의들을 만나며 보다 더 가깝게 의사의 삶을 살아볼 수 있었습니다. 그리고 본격적으로 본과 5학년, 6학년 때 임상 실습을 돌면서 의사의 삶을 시뮬레이션할 수 있습니다.

✚

운명의 과를 찾는 룰 아웃 규칙

제가 과를 정할 때 사용한 방법은 룰 아웃Rule out 규칙이었습니다. 의대생이나 의사가 아니라면 이름이 낯설겠지만, 사실 방법은 어린아이도 알만큼 보편적이고 쉽습니다. 룰 아웃은 '제외하다, 배제하다, 제거하다'의 뜻을 가진 의학 용어입니다. 서로 얽혀 있는 질병들 중에서 치료를 위해 하나만을 특정하는 감별 진단 때 나머지 것들을 배제하는 식인데요. 저는 이 방법을 과를 선택할 때 사용했습니다. 흉부외과 의사가 될 거라고 떠들고 다녔던 저는 실제 임상 실습을 돌면서 흉부외과는 멋지게 수술만 하는 과가 아니라는 걸 알게 되었습니다. 늘 박수받는 영웅도 아니고, 헬기도 거의 타지 않는다는 것도 말이죠. 인턴 시절 본 1년 차 흉부외과 전공의들은 병원에서 언제 어디서나 보이는 붙박이 같은 존재들이었습니다. 즉 흉부외과 의사들은 응급 상황이 너무 많아서 병원 밖을 벗어나지 못한다는 소리입니다.

수술 역시 개운하게 끝내기에는 난이도가 굉장히 높고 어려운 편입니다. 결정적으로 저는 실습을 하고 나서야 제가 수술실을 좋아하지 않는다는 걸 깨달았습니다. 타고나길 체력이 약해서 수술실에서 한 시간 이상 서 있는 게 힘들었습니다. 또 사람을 좋아하는 제 성격과 달리 흉부외과 의사는 동고동락할 동기나 선배가 많지 않다는 것도 흉부외과에 대한 꿈을 접는 데 영향을 미쳤습니다. 제 체력과 성격을 파악한 뒤 흉부외과를 룰 아웃 시켰습니다. 체력과 성격이라는 기준이 아니더라도 오랜만에 만난 선배와 저녁을 먹고 헤어질 때, 집에 돌아가는 저와 달리 병원으로 돌아가봐야 한다는 선배의 등을 보고 '선배처럼 살 수 없겠다' 싶은 결심이 들 때도 룰 아웃 규칙이 적용될 수 있죠. 손가락을 하나하나 접다가 남는 과, 그 과가 어쩌면 운명일지도 모릅니다. 제가 마지막까지 접지 않은 손가락은 '내과'를 가리켰습니다.

룰 아웃 규칙을 적용하는 기준

룰 아웃 규칙을 적용할 때 가장 먼저 생각해 볼 수 있는 기준은 '환자를 직접 진료할 것인가, 그렇지 않을 것인가'입니다. 의사라면 당연히 환자를 만나야 한다고 생각하기 쉽지만, 의외로 의사들 중에는 환자를 직접 대면하는 것이 자신에게 맞지 않다고 느끼는 경우도 있습니다. 이는 환자를 싫

어해서가 아닙니다. 영상의학과 등 환자를 직접 대면하지 않는 비임상과에 매력을 느끼거나 본인 성향이나 강점이 다른 분에서 더 잘 발휘되기 때문입니다.

환자를 대면 진료하지 않는 비임상과

영상의학과, 병리과, 진단검사의학과처럼 환자를 직접 대면하지 않는 의사도 있습니다. 이들은 진료실에서 환자를 만나지는 않지만, 영상 판독이나 조직 검사, 혈액검사 등을 통해 환자를 간접적으로 만나게 됩니다. 환자의 병력이 적혀 있는 의무 기록이나, 각종 검사를 통해 환자의 진단과 치료 방침을 결정하는 데 핵심적인 역할을 하는 것이죠. 겉으로는 환자가 아닌 의사를 만나는 일이 더 많지만, 결국 이들이 만나는 의사의 모든 판단과 해석은 결국 환자와 연결되어 있습니다. 눈앞의 환자를 직접 만나지 않더라도, 환자의 진단과 치료 과정에 깊이 관여하며 보이지 않는 자리에서 환자의 생명을 지키는 중요한 역할을 합니다.

환자를 대면 진료하는 임상과

반대로 환자와 직접 마주하며 소통할 때 더 큰 보람을 느낀다면, 임상과가 맞을 수 있습니다. 내과, 외과, 소아과, 신경과, 가정의학과 등이 대표적입니다. 이들 과에서는 환자와의 만남이 곧 진료의 출발점이 됩니다. 환자의 이야기를 듣고, 진단을 내리고, 치료의 과정을 함께합니다.

어떤 과든 의사는 환자가 중심이 되는 직업임에 틀림없습니다. 중요한 것은 '나는 어떤 방식으로 환자의 삶에 기여하고 싶은가'입니다. 환자를 직접 만나서 돌보는 방식이든, 환자를 직접 보지 않더라도 진단과 치료에 기여하는 방식이든, 어느 쪽이든 모두 환자의 삶을 지탱하는 데 없어서는 안 되는 분야입니다.

외과계로 갈 것인가, 내과계로 갈 것인가

환자를 대면 진료하는 조건을 받아들였다면 다음으로 생각해 볼 수 있는 것은 환자를 수술실에서 볼 것인가, 병실에서 볼 것인가입니다. 수술실 외과계 의사는 많은 시간을 수술실에서 환자를 치료하며 보냅니다. 수술을 하는 것이 즐겁다고 생각하면 외과, 흉부외과, 산부인과, 이비인후과, 정형외과, 신경외과, 비뇨기과 등을 고려해 볼 수 있습니다. 마취통증의학과도 직접 수술을 집도하는 것은 아니지만 수술실에서 주로 환자를 봅니다.

반면 내과계는 약물과 간단한 시술로 환자를 진단하고 치료합니다. 내과, 소아과, 신경과, 가정의학과가 대표적입니다. 각 과별로 특징이 조금씩 다릅니다. 내과 의사는 만성질환을 가진 성인을 진료합니다. 소아과는 소아 환자를 진료하고 보호자와 상담합니다. 신경과는 뇌혈관 질환을 가진 만성 질환자를 진료합니다. 가정의학과는 여러 과를 두루 진료할 수 있습니다.

룰 아웃 규칙이 통하지 않을 때

물론 모든 사람이 룰 아웃 규칙만으로 과를 정하는 것은 아닙니다. 어떤 경우에는 처음부터 '운명처럼' 끌리는 과가 있기도 합니다. 여러 조건들을 비교 우위에 세워봐도, 그 길이 힘들지 몰라도 불가항력으로 그 과를 선택하게 되는 것이죠. 제 의대 동기 중 한 명이 대표적인 예입니다. 그는 입학 때부터 줄곧 "나는 정신과 의사가 될 거야"라고 말해 왔습니다. 다른 과를 실습하면서도 그의 마음은 한 번도 흔들리지 않았습니다. 정신과 환자들과의 상담, 마음의 병을 다루는 과정이 자신과 꼭 맞는다는 확신이 있었던 거죠. 결국 그는 예상대로 정신과로 과를 선택했고, 지금은 정신과 전문의로 환자들을 만나고 있습니다.

이처럼 어떤 사람에게는 여러 가능성을 하나씩 배제하는 룰 아웃 규칙보다, 강력한 동기와 확신이 선택의 기준이 되기도 합니다. 타고난 성향, 개인적 경험, 혹은 가치관과 맞닿은 열망이 때로는 어떤 논리보다 더 뚜렷한 지도가 될 수 있습니다.

✚

인턴으로 일하며 과를 미리 겪어보자

의사가 된 후 관심 있는 과에서 직접 일해 볼 수 있는 기회가 바로 인턴 과정입니다. 비록 전문적인 수준의 일을 맡지는 않지만, 해당 과의 분위기와 실제 업무를 가장 가까이에서 경험할 수 있는 시간입니다. 다만, 인턴 기간은 기껏해야 1년 열두 달이고, 많아야 열두 개 과를 돌아볼 수 있을 뿐입니다. 그래서 앞서 말했듯, 인턴이 되기 전부터 미리 간접경험을 통해 관심있는 과에 대해 알아두는 것이 중요합니다. 자칫 인턴 시절만 믿고 과를 저울질하다 보면 시간이 턱없이 부족할 수 있습니다.

인기 과에 들어가는 법

각 과마다 전공의 정원은 제한되어 있기 때문에, 일부 인기 과의 경우 경쟁이 치열합니다. 인턴들은 짧은 기간 동안 자신이 얼마나 성실하게 임하는지, 해당 과에 얼마나 진정한 관심이 있는 보여주려고 애쓰기도 합니다. 이때 교수들이나 전공의들이 원하는 건 함께 일할 동료로서의 태도와 책임감입니다. 이 인턴이 우리 과에 어울리는지 저울질하는 것이지요.

기피 과를 선택하는 용기

반대로 인기가 없는 '기피 과'라고 불리는 곳에 매력을 느껴 선택하는 이들도 있습니다. 힘든 근무 여건이나 상대적으로 낮은 보상에도 불구하고, 그 과에서 만난 교수, 선배 의사들의 헌신적인 모습에서 큰 감동을 받기 때문입니다. '누군가는 꼭 해야 하는 일'이라는 사명감에 이끌려 기피 과를 선택하는 모습은 인기 과를 향한 경쟁과 다르게 숭고해 보입니다.

✚

원하는 과에 들어가기 위해 재수한다?

전공의 선발은 전공의 시험 성적, 인턴 근무 평가, 의대 학생부 성적, 면접 점수 등을 종합해 등락 여부가 결정됩니다. 하지만 원하는 과를 지원했더라도, 경쟁률이 높아 자리가 없거나 불합격하는 경우도 있습니다. 이럴 때 미달된 다른 과를 지원하기도 하지만, 일부 의사들은 곧바로 다른 과를 택하지 않고, 1년 정도 시간을 더 두고 다시 도전하기도 합니다. 흔히 '재수한다'라는 표현을 쓰는데요, 이는 다시 전공의 모집 시험에 응시하거나, 다른 병원에 지원해 원하는 과에 들어가기 위한 과정을 의미합니다.

원하는 과에 들어가는 가장 확실한 방법은 학부 성적을 꾸준히 관리하고, 전공의 선발 시험에서 좋은 점수를 받는 것입니다. 하지만 상황이 여의치 않다면, 원하는 과의 자리가 있는 다른 병원에 지원하는 방법도 있습니다. 결국 중요한 건 끈기와 진정성입니다. "두드려라, 그러면 문이 열릴 것이다"라는 말처럼, 여러 번의 도전 끝에 원하는 길을 찾아가는 의사들도 많습니다.

전공의의 새벽은
오늘도 저물지 않는다

전공의 수련 과정 24시

의대 6년, 의사 생활 15년 중 다시 돌아가고 싶지 않은 순간이 있다면 전공의 수련 과정입니다. 저는 2009년에 인턴, 2011년에 내과 전공의 1년 차로 시작해서 4년의 수련 과정을 마쳤습니다.

이 책을 읽을 예비 의대생들, 그리고 전공의 전의 의대생들이라면 전공의 수련 과정에서 빠른 노화는 각오해야 합니다. 왜냐고요? 2019년, 미국 55개 병원에서 근무하는 1년 차 전공의 250명을 대상으로 흥미로운 연구가 소개되었습니다.

전공의 수련 전후에 있는 전공의들의 타액에서 텔로미어를 추출했습니다. 텔로미어는 노화를 일으키는 핵심 요소로 세포의 수명을 결정짓습니다. 텔로미어 단축은 노화의 지표로, 반대로 텔로미어 연장은 회춘의 상징으로 여겨지죠. 연구 결과, 수련 과정을 마친 전공의는 텔로미어의 길이가 크게 줄어들었다고 합니다. 이때 근무 시간이 길수록 텔로미어 손실이 컸습니다. 전공의들의 텔로미어 감소는 일반적인 사람들의 연간 감소율에 비해 여섯 배나 더 높았습니다.[*]

전공의들은 왜 이렇게 빨리 늙는 걸까요? 그들의 하루 일과를 살펴보면 그만한 이유가 있습니다. 전공의들의 하루는 일반인들에 비해 업무가 농축, 집약되어 있습니다. 내과 전공의를 기준으로 하루 일과를 살펴볼까요?

✚

오전 5시,
전공의들이 만드는 병원의 미라클 모닝

많은 사람이 책상 앞에서 하는 명상이나 활기찬 운동을 하

---

[*] Kathryn K Ridout et al., "Physician-Training Stress and Accelerated Cellular Aging", *PubMed*, 2018.

는 '미라클 모닝'을 떠올리지만, 사실 진짜 미라클 모닝의 원조는 병원일지도 모릅니다. 병동의 아침 평화는 인턴들과 전공의들이 새벽에 만든다고 해도 과언이 아닙니다.

인턴은 교수님과 전공의가 회진을 돌기 전에 환자들에게 필요한 검사를 직접 하거나 준비합니다. 예를 들어 동맥혈 채혈, 심전도 등을 시행합니다. 교수님과 전공의가 회진을 돌기 전에 환자의 상태를 미리 파악할 수 있도록 돕는 중요한 역할입니다.

전공의들은 새벽마다 회진을 준비하며 아침을 맞이합니다. 의국醫局** 컴퓨터에 모여 앉아 병동 환자들에게 밤새 어떤 일이 일어났는지 꼼꼼히 확인합니다. 전자 차트를 통해 환자의 맥박과 혈압, 체온과 같은 기본적인 활력 징후와 소변량, 간호 기록지, 전날의 처방 내역을 차트에서 대조하며 밤새 유의미한 차이가 있는지 살펴봅니다. 새벽에 채혈했던 혈액검사 결과가 나오면 수치가 정상 범위를 벗어나지 않았는지 확인하고, 필요하면 약이나 처치로 조정합니다.

심전도와 엑스레이를 시행한 경우라면, 결과를 제때 꼭 확인합니다. 혹시라도 중요한 이상 소견이 발견되었는데 놓치면 환자의 적절한 치료 기회를 잃을 수 있기 때문입니다. 작

** 병원 안에서 같은 과 전공의들이 모여 업무를 보고 잠시 쉬는 공간.

은 변화 하나도 빠짐없이 챙기는 것이 전공의의 중요한 역할입니다.

이렇게 차트를 통해 환자의 근황을 파악했다면 다음은 직접 병동을 돌며 환자를 만나러 나섭니다. 환자가 밤새 편안했는지 묻고, 검사 결과를 설명하기도 합니다. 그러다 보면 어느덧 교수님과의 아침 회진 시간이 다가옵니다.

보통 아침 회진은 보통 7시와 8시 사이에 시작합니다. 회진 방식은 교수님의 스타일과 외래 일정, 병동 환자 수에 따라 차이가 있습니다. 때로는 주치의 교수, 펠로우, 의대 실습생까지 함께 긴 행렬을 이루기도 합니다. 이때 1년 차 전공의는 회진 대열의 맨 앞에 서서 환자들을 미리 찾아 안내합니다. 회진 전에 미리 병실 위치와 환자 자리를 정확히 파악해 두는 것은 필수입니다. 환자들에게도 곧 교수님과의 회진 시간이 다가온다는 사실을 알립니다. 환자들이 동선이 엇갈려 교수님을 만나지 못하는 불상사가 나타나지 않도록 그들에게 병실에 머무르라고 당부합니다.

오전 10시~오후 2시,
우아함과 거리가 먼 브런치 타임

오전 회진이 끝나면 환자의 검사 및 치료, 시술 방향을 정리합니다. 또 환자들에게 각종 검사 및 시술, 치료가 제대로 이뤄지고 있는지 확인합니다. 틈틈이 직접 해야 할 시술을 수행하기도 합니다.

각종 환자 기록을 작성하고, 곧 퇴원해야 할 환자라면 외래 예약과 퇴원 이후 필요한 약의 처방까지 챙깁니다. 하루에도 수많은 일이 끊임없이 이어지기 때문에 책상 앞에 앉아 차트를 쓰고 있다가도 갑자기 병실로 불려가거나, 시술실로 달려가야 하는 일이 반복됩니다.

이런 분주한 와중에 새로운 입원 환자가 들어오기 전까지 시간이 잠깐 날 때가 있습니다, 이때 비로소 아침과 점심 식사를 한꺼번에 해결합니다. '아침 겸 점심'을 먹는 브런치라는 우아한 표현이 있지만, 전공의들의 브런치는 여유롭지도 우아하지도 않습니다. 전날 당직실에 배달된 밥과 반찬, 혹은 편의점에서 산 간편 조리 식품으로 허겁지겁 끼니를 때우는 경우가 대부분입니다. 그마저도 응급 환자가 있는 경우, 해야 할 일이 쌓인 경우에는 이런 틈새 브런치조차 누리지 못할 때가 많습니다.

✚

오후 3시,
신규 환자를 맞이하고 회진을 도는 시간

보통 오후 2시 30분 전후로 병동에 새로운 환자가 들어오기 시작합니다. 신규 환자, 줄여서 '신환'이라고 부릅니다. 전공의는 환자가 입실하기 전 환자가 입원하게 된 이유, 해야 할 검사 및 시술, 치료의 방향을 미리 파악하고 있어야 합니다. 입실하면 진행하는 기본 검사를 하고 직접 환자를 대면합니다. 그리고 오후 병동 회진을 돌며 신환을 파악하고 환자들이 진행해야 하는 일정이 모두 진행되었는지, 환자에게 불편함은 없었는지 등을 확인합니다. 주치의 교수님의 일정에 맞춰 오후 회진을 함께 돌기도 합니다.

✚

오후 6시~7시,
마지막까지 병원을 지키는 당직의들

의료진에게 당직은 빼놓을 수 없는 일과입니다. 전공의도 마찬가지죠. 전공의가 수련 과정을 거치는 병원마다 당직 시간에 차이가 있습니다. 대개 오후 6시, 7시쯤 하루 일과가 마무리 되는데, 이 시간에 누군가는 당직을 준비하고, 누군가는 퇴근을 준비합니다. 당직인 경우 당직복으로 갈아입고 저녁 식사를 합니다. 당직자는 마음이 바쁩니다. 응급실 당직자의 경우 응급실 현황을 살펴보며 얼마나 많은 환자가 들어올 것인지 가늠해 보며 당직 난이도를 짐작합니다. 하지만 오히려 몸은 퇴근을 준비하는 쪽이 더 바쁠 수도 있습니다. 다음 날 진행해야 할 검사를 미리 처방하고 입원 기록 및 경과 기록을 작성해야 하기 때문입니다. 해야 할 일을 마무리하지 못하면 퇴근 시간을 훌쩍 넘겨 일하기도 하고, 다시 병원으로 들어와 마무리 짓기도 합니다.

전공의들의 워라밸, 꿈 같은 소리일까?

수련 과정의 강도는 전공, 전공의 수, 연차, 수련 병원 등에 따라 차이가 있습니다. 그중 몇 가지만 살펴보겠습니다.

병동 응급 환자의 유무

병원 수련이 고된 이유 중 하나는 검사, 시술, 치료 등이 수많은 환자마다 각각 다르게 쉼 없이 진행되고, 이를 모두 다 파악해야 하기 때문입니다. 대학병원에 입원한 환자들 대부분이 응급이고 중한 경우가 많습니다. 그러므로 상대적으로 병동에 환자가 적은 피부과 등은 수련 과정이 대학병원보다는 수월한 편이죠. 난이도에 별점을 매길 수 있다면 병동, 응급, 중환자가 적절히 섞인 내과의 경우 10점 만점에 8점 정도입니다.

병동 및 응급실 당직

밤샘 당직이 있는 과의 전공의는 그렇지 않은 경우보다 당연히 삶의 질이 떨어지겠죠? 그들은 당직 근무 후 제대로 쉬지도 못하고 곧바로 원래 하던 업무를 이어서 해야 합니다. 당직의 개수와 당직의 강도 역시 중요합니다. 내과 전공의였던 제 경우 병동 및 응급실, 중환자실 당직이 각각 있었습니다. 1년 차 전공의의 경우 주로 병동 및 응급실 당직을, 2년 차는 중환자실 당직과 병동 협진을 맡았습니다. 3년 차는 당직을 보조하는, 소위 백업을 했습니다.

1년 차 전공의의 업무 난이도

전공의 수련 과정 중 1년 차가 가장 힘든 편입니다. 업무도 익숙하지 않은데다 당직의 개수도 제일 많기 때문입니다. 반면 연차가 쌓일수록 당직의 개수가 줄어 몸은 편해지지만 책임지는 일들이 많아집니다. 또 고연차들은 1년 차 주치의를 도와 그들의 구멍을 메워주는 역할을 합니다. 그들의 일

은 병동 주치의의 역할에서 외래, 타과 협진 등으로 진료 범
위가 확장됩니다. 고연차들은 실습 나온 학생들을 관리하거
나 교수님과 직접 독대하기도 합니다.

주치의 교수님과의 팀워크

교수님과의 병동 회진은 환자를 위한 일입니다. 하지만 전
공의들에게는 부담이기도 합니다. 교수님들의 성향에 따라,
환자가 상태가 좋지 않은 경우, 위중한 환자가 있는 경우 회
진 분위기가 달라지기 때문입니다. 환자 파악이 잘못된 경
우, 처치에 문제가 있었던 경우, 교수님의 질문에 엉뚱한 대
답을 한 경우 분위기가 나빠집니다. 물론 1년 차 전공의의 경
우 고년차와 한 팀이 되어 난관을 해결해 가기도 하지만 즉
문즉답이 이뤄지는 회진 시간에 완벽하지 못한 답변을 한다
면 문책을 당할 수도 있습니다.

동료, 선배와의 팀워크

의료 교육은 대부분 도제식으로 진행되기 때문에 인간관
계가 상당히 중요한 역할을 합니다. 특히 수직적이고 폐쇄적
인 의료계에서는 선후배 관계가 전공의 생활의 삶에 질에 큰
영향을 미칩니다. 2017년, 한 대학병원 정형외과에서 전공의
선배가 후배를 폭행한 사건이 있었습니다. 이 사건에서 더

놀라운 것은 가해자였던 전공의가 과거에는 피해자였다는 점입니다. 전공의들 사이에서도 폭력이 대물림된다는 것은 집단 내에서 자정 작용이 거의 이뤄지지 않는다는 걸 보여주는 의사 조직의 어두운 그림자입니다. 이후로도 전공의끼리, 혹은 교수가 전공의를 폭행하는 사건이 꽤 벌어집니다. 병원 내 의사들 사이에 일어나는 갈등은 대부분 환자의 생명을 다루는 직업의 무게 때문에 서로가 예민해져 있기 때문에 발생합니다.

하지만 전공의는 근무를 수행하는 동시에 수련을 받는 약자이기도 합니다. 전공의들의 인권은 소중하며 보장되어야 합니다. 만약 부당한 대우, 폭력 등에 노출되어 있다면 교육수련부, 전공의 협의회에 도움을 요청하는 것도 방법입니다.

전공의는 가장 뜨겁고 치열한 청춘의 동의어다

인턴 생활 한 달이 지났을 때, 저는 궤양성 대장염 환자가 되었습니다. 잘 못 자고 못 먹는 일상의 반복, 극심한 스트레스가 원인이었습니다. 한번 궤양성 대장염에 걸리니 내과 전공의 수련 과정 중 매년 재발을 반복하더군요. 같이 수련을 받았던 동기 중 한 명은 루푸스를 진단받은 것은 물론 밤에

중환자실 회진을 돌던 중 쓰러져서 뇌졸중 진단까지 받기도 했습니다. 뇌졸중이라니, 전공의 수련 환경이 얼마나 열악하고 가혹한지, 이 정도만 해도 충분할 것 같네요.

다시 돌아가고 싶지 않은 시절이지만, 사실 그때는 힘든 줄 몰랐습니다. 만약 난이도를 미리 알았다면 내과 전공의에 지원하지 않았을 것입니다. 하지만 사람은 불구덩이 속에 들어가 뜨거운 맛을 봐야 그 뜨거움을 깨닫는다는 말이 있지요? 이미 그 뜨거운 맛을 봤지만 저는 다시 돌아가도 같은 길을 선택할 것입니다. 그 시절을 버티게 해줬던 동기들과, 젊음이라는 강력한 무기가 있으니까요. 자신이 전공의 과정을 중도 포기하면 남은 동기들의 무게가 얼마나 무거울지 걱정하면서 그렇게 우리는 서로가 서로에게 기댄 채 운명 공동체로 한 배를 탔습니다. 힘들면 당직을 바꿔주고, 밤마다 야식으로 치킨을 뜯으며 한풀이를 했죠. 선배나 교수님으로부터 꾸중을 들었을 때는 서로 눈물을 닦아주기도 했습니다.

힘겨운 전공의 과정을 모두 마친 뒤, 마침내 우리의 배는 전문의 자격증이라는 항구에 무사히 닻을 내릴 수 있었습니다. 어쩌면 제가 들려드린 전공의 생활을 듣고 겁을 먹거나 일찌감치 의사가 되기를 포기하시는 분들이 생길까 슬그머니 걱정됩니다. 하지만 제가 전공의의 숨 가쁜 하루를 있는 그대로 보여드리는 건 여러분이 조금 더 단단한 각오로 이

길에 들어서길 바라기 때문입니다. 좋은 점이 아니라, 힘들고 어려운 점까지 모두 안다면 마치 갑옷을 한 겹 더 입은 듯 마음가짐도, 태도도 달라질 테니까요. 의사를 꿈꾸는 여러분을 기다리겠습니다.

의사가 과학자가 되려면
어떻게 해야 할까?

의사과학자가 되고 싶은 학생들에게

현시대는 과학기술의 시대입니다. 전 세계 산업은 인공지능, 로봇, 우주 항공, 양자컴퓨팅, 신약 개발 등을 비롯한 첨단 기술이 이끌고 있습니다. 글로벌 빅테크 기업들은 전 세계에서 유망한 인재를 빨아들이며 그들에게 엄청난 연봉을 주고 있습니다. 우리나라는 자원이 부족한 대신 과학기술을 통해서 고도성장을 해왔기에 국가적으로도 컴퓨터, 바이오 엔지니어링 등의 과학기술 인재를 양성하고 있습니다. 또 우리나라의 이런 인재들은 해외에도 많이 진출해 있습니다.

　이런 상황에서 공부를 열심히 한 학생들은 의대를 갈 것인지, 아니면 공학, 바이오 등의 과학자가 되어 세계 무대에서 활약할지 고민이 될 것입니다. '나는 과학자가 되고 싶지만, 의대를 주변에서 많이 권하는데, 의사도 과학자가 아닐까?'라는 생각을 할 수도 있습니다. 하지만 의학이 과학의 한 분야인 것처럼 보여도 둘은 생각보다 많은 차이가 있으며 의사와 과학자의 삶도 각기 다릅니다. 여기서는 의대에 와서 과학자를 꿈꾸는 것에 대해서 이야기해 보려고 합니다.

✚

의사와 과학자는 엄연히 다른 직업이다

　먼저 의학이라는 학문은 어떤 것인지 짚고 넘어가야 합니다. 의학은 과학의 한 분야라기보다는 완전히 새로운 응용 학문이라고 보는 것이 더 맞습니다. 의학이라는 것은 수학, 물리학, 화학처럼 긴 역사와 전통을 자랑하는 근본 있는 학문은 아닙니다. 의학을 배워 인간의 질병을 치료한다는 개념은 불과 150년도 되지 않았다고 합니다. 우리가 아는 여러 학문은 수천 년 전부터 우주의 원리를 밝혀내기 위해서 시작되었지만 의학은 질병을 치료하기 위해 비교적 최근에 만들어진 학문입니다. 의학의 정의를 찾아보면, '인체의 구조화

기능을 조사하여 인체의 보건, 질병이나 상해의 치료 및 예방에 관한 방법과 기술을 연구하는 학문이다'라고 되어 있습니다. 즉 의학은 어떤 진실을 밝히는 것이라기보다는 질병의 진단, 치료, 예방이라는 매우 현실적인 목표를 가진 응용 학문입니다.

따라서 의학은 질병을 치료하기 위해서는 어떤 방법과 수단도 가리지 않습니다. 실제로 생화학, 유전체학, 물리학, 핵물리학, 화학, 기계공학, 전자공학, 컴퓨터공학 등 모든 분야의 응용 기술이 의학에 이용되고 있습니다. 효과만 좋으면 의학에서는 어떤 기술도 가져다 씁니다. 즉 의학 영역에서는 여러 응용 기술을 가져다 의학적 효과를 검증하는 경우가 많고 원천 기술을 개발하는 경우는 많지 않습니다. 의학에 획기적인 발전을 한 CT나 MRI 모두 엔지니어가 개발한 것이지 의사가 개발한 것은 아닙니다.

신약 개발에서도 주도권은 바이오 엔지니어링을 하는 과학자에게 있습니다. 따라서 세상에 새로운 것을 만들어내는 일은 과학자의 일이며, 그 기술을 의학적으로 확인하는 일을 임상의학자가 하는 것입니다. 그리고 최신 약물이나 의료 기기의 성능을 의학적으로 확인하는 임상 연구를 하는 의학자는 주로 의대 교수들이며 전체 의사의 10퍼센트 전후입니다. 이들이 주로 과학기술과 연결된 의학 연구를 한다고 말할 수 있습니다.

　과학은 매우 빠르게 변화하는 학문입니다. 과학계에서는 매일 새로운 연구 결과가 쏟아지며 과학자들은 이를 어떻게 발전시키고 현실 세계에 적용할까 고민하고 있습니다. 과학 실험은 수많은 실패를 반복하면서 점차 발전합니다. 의학계도 과학계처럼 이렇게 다이내믹한 일을 할까요? 의학에서도 엄청나게 많은 연구 결과가 만들어지지만 임상 현장에서 적용되는 것은 극히 일부입니다. 의사 대부분은 의학적으로 매우 잘 검증된 진료 지침을 가지고 이를 환자에게 적용하는 일을 하고 있습니다. 따라서 의료는 지극히 안정성을 추구합니다. 그러므로 의사는 매우 엄격하게 검증된 의학적 사실인 진료 지침을 잘 지키며 균일한 진료를 해야 합니다.

의사가 될 것인가, 과학자가 될 것인가

　매일 실패를 반복하면서 기술 개발을 시도하는 일을 의사들은 할 수도 없고, 해서도 안 됩니다. 대학병원에서 주로 하는 임상 연구 역시 철저한 의료윤리제도 하에서 이뤄져야 합니다. 이러한 특성 때문에 실패를 계속 반복하면서 역동적으로 변하는 과학계와, 철저히 안전한 접근을 하는 의료계는 다른 성격이 있다는 것을 이해해야 합니다. 의학의 발전은 과학의 발전에서 의학적으로 이용 가치가 있는 것을 골라서 철저한 임상 검증을 거쳐 적용하며 이뤄집니다. 따라서 새로운 기술이 의학적으로 확립되는 데 10년 이상 걸리는 경우가 대부분입니다. 그러므로 의학은 매우 보수적인 학문이라고 할 수 있습니다.

또 의학 연구를 하는 의사는 앞서 말한 것처럼 전체 의사들 중 소수입니다. 의사 대부분은 정해진 가이드라인을 지키며 종일 진료만을 하고 있습니다. 의사들은 하루 종일 비슷한 말을 반복하고 비슷한 의료 행위를 거듭합니다. '의료 서비스'라는 용어가 나타내는 것처럼 의료는 사람들을 상대하는 서비스업이며, 환자들의 요청을 지속적으로 해결해야 하는 반복적인 일이라는 거죠. 자신이 반복적인 것을 싫어 하고 계속 최신 지식을 찾으며, 연구를 통해서 새로운 것을 발견하는 걸 좋아하는 성격이라면 의사라는 직업이 맞지 않을 수 있습니다.

저 역시 의사가 되고 나서, 과학자로 진로를 틀어야 하는 것이 아닐까 하는 고민을 오랫동안 했습니다. 가이드라인에만 맞춘 반복적인 진료를 하는 것이 지겨웠고, 과학계에서 개발한 새로운 기술을 의료에 접목하는 임상 연구를 하는 것보다 완전히 새로운 기술을 만들어보고 싶은 욕망이 계속 있었습니다. 우리 몸의 세포에서 일어나는 더 근원적인 메커니즘을 밝히는 연구를 하고 싶은 생각이 컸습니다.

그러나 이미 전문의가 되기 위해 10년 이상 공부했고, 의대 졸업 후 의학석사와 의학박사를 획득했습니다. 과학을 제대로 다시 공부하려면 처음부터 기초를 배우기 위해서 연구실에 들어가야 하는데, 저는 그런 선택을 하지 못했습니다. 그러니 여러분, 비록 좁은 길이지만 그동안 없던 완전히 새로운 것을 밝혀내고 세상을 변화시키고 싶은 뜻을 가지고 있다면 의사가 아닌 과학자가 되는 것이 좋은 선택이 되리라고 생각합니다.

의사과학자의 길

최근 정부에서는 의사과학자를 육성하기 위해 많은 노력을 하고 있습니다. 의사과학자란 의사 면허를 가지면서 기초적인 의학 연구 성과를 내는, 즉 '과학을 하는 의사'라는 뜻입니다. 의사들 중에서도 진료를 하는 틈틈이 환자 데이터를 기반으로 임상 연구를 하는 경우가 많은데, 정부에서 추진하는 의사과학자 육성 사업은 기초의학 연구에 무게를 둔 정책이라고 할 수 있습니다. 의료 시스템을 이해하면서 의료 현장과 기초·응용 연구를 연결하는 가교 역할을 할 수 있는 인재를 키우기 위한 목적이며, 이를 통해서 정밀 의학, 신약 개발, 첨단 의료 기술 발전을 꾀하고 있습니다. 의사가 되어서도 과학자의 일을 할 수 있는 좋은 방향이라고 생각하지만, 현실적으로 의사과학자를 할 수 있는 사람은 제한이 되어 있고 과학자가 되려고 의사의 수련 과정을 모두 밟을 필요가 있을지 의문입니다.

과학이라는 학문은 인류의 발전을 만들어내는 것이기에 매력적입니다. 의사가 되어 환자를 치료하는 일도 매우 중요한 일입니다. 두 가지 모두 너무나 소중한 꿈이지만 성격이 많이 다릅니다. 제 주변에 의사가 된 많은 사람의 어릴 때 꿈은 과학자였습니다. 아마 의사를 꿈꾸고 있는 여러분도 과학에 흥미를 느끼고, 과학자의 꿈을 꿔본 적이 있으리라 생각합니다. 한때 과학자가 되고 싶었던 저이기에 여러분께 의사와 과학자를 비교하고 조금 더 잘 맞는 길을 찾도록 길잡이가 되어주고 싶었습니다. 그러니 여러분이 매일 실패를 반복하면서도 역동적인 성취를 이루어내는 걸 꿈꾸는지, 안정적으로 환자를 진료하는 걸 원하는지 고민해 보길 바랍니다.

국시에 합격하고 원하는 과에 들어가서 숨 가쁜 전공의
생활까지 마친 여러분,
그동안 상상해 온 의사의 삶을 간접체험 해 보니 소감이
어떤가요?
모쪼록 힘들지만 행복하고 보람 있었다고
느끼길 바랍니다.
이제 남은 건 여러분이 의사로서 살아갈 미래를
그려보는 것뿐입니다.
여러분이 입은 흰 가운의 무게를 온전히 느끼면서
어떤 의사로 인생을 보낼지 생각해 보세요.
마지막 장은 의사의 다양한 진로와
이제 현실이 된 인공지능과의 공존,
즉 의사의 미래에 대한 이야기입니다.

의사가 되고 나서 알아야 할 것들

❶ 의사가 갈 수 있는 다양한 진로들은 무엇이 있을까?

❷ 의사는 왜 은퇴가 늦을까?

❸ 의사도 스타트업을 차릴 수 있을까?

❹ 인공지능은 의사의 미래를 어떻게 바꿀까?

❺ 의사가 지켜야 할 윤리는 무엇이 있을까?

의사가 갈 수 있는
세 갈래 길

대학병원 교수, 개업, 봉직의사의 특징

의사 면허증을 따고 나면 이제 눈앞에 세 갈래 길이 펼쳐집니다. 교수가 될 것인가, 개업을 할 것인가, 병원에 취업해 월급을 받는 봉직의사(봉직의)로 살 것인가. 어떤 길로 들어서는가에 따라 앞으로의 의사 인생이 크게 달라집니다. 이 책을 읽을 예비 의대생 여러분도 언젠가 마주할 미래를 한번 상상해 보면 좋겠습니다.

노력과 운이 따라야 하는 대학병원 교수의 길

의대생 시절 우리가 가장 많이 만나는 의사는 '교수'입니다. 교수는 다시 두 부류로 나뉩니다. 기초의학 교수와 임상의학 교수입니다.

기초의학 교수는 해부학, 약리학, 생화학, 조직학 등의 과목을 가르칩니다. 기초의학 교수가 되기 위해서 반드시 의사 면허증이 필요한 것은 아닙니다. 의대를 다니다가 기초의학에 대한 열정이 생기면 해당 교실에서 배움을 이어서 하면 됩니다. 대부분 학사 졸업 후 석사와 박사과정을 거쳐서 교수가 됩니다. 기초의학 교수는 주로 의대생들에게 강의를 하고 자신의 전문 분야를 연구하고 논문을 씁니다.

반면 임상의학 교수는 대학병원에서 환자를 진료하면서 교육과 연구를 병행합니다. 내과, 소아과, 외과 등 임상의학 과목을 담당하며 의대생과 전공의까지 지도합니다. 임상의학 교수가 되려면 꽤나 지난한 과정을 거쳐야 합니다. 먼저 의사국가시험에 합격해서 의사 면허증을 취득한 뒤, 인턴, 전공의 과정을 거쳐 전문의 자격증을 따야 합니다.

의사 면허증은 '의사로 일할 수 있는 기본 자격'이고, 전문의 자격증은 '내과, 외과처럼 특정 과목의 전문가임을 증명하는 자격'입니다. 의사 면허증만 있고 전문의 자격증은 없는 의사도 있지만, 대부분은 전공의 과정을 마쳐 전문의가 됩니다. 이후 펠로우 과정을 거치며 동시에 대학원 공부로 석박사 학위를 취득합니다.

하지만 자격을 갖췄다고 바로 교수가 되는 것은 아닙니다. 각 대학병원의 교원 정원이 제한되어 있기 때문입니다. 모든 조건을 충족해도 해당 대학병원에 교원 정원이 있어야 비로소 임용이 됩니다. 자리가 없다면 펠로우나 임상 강사(비정규직 교원) 같은 형태로 계약을 연장하며 수년을 기다리는 경우도 있습니다. 결국 실력과 운이 모두 따라야 교수 자리에 오를 수 있습니다.

전공의도 교수도 아닌 사각지대, 펠로우

전문의 자격을 취득한 뒤 세부 분과를 더 배우는 단계를 '펠로우(전임의)'라고 합니다. 내과라면 심장내과, 소화기내과, 신장내과 등 세부 분과를 택해 1년에서 3년간 수련합니다. 교수가 되기를 기다리면서 일하는 이런 펠로우 기간이 길어지면 '롱 펠로우'라 부르기도 합니다. 펠로우는 교수의 연구를 돕고 전공의를 지도하는 등 중요한 역할을 하지만, 법적, 제도적 보호에서는 사각지대입니다. 전공의 특별법으로 전공의 처우는 개선되었으나, 펠로우는 전공의가 아니라서 예외였습니다. 업무는 많아지고 권리는 제한돼 스스로를

'펠노예'라 부르며 자조하기도 합니다.

✚

월급을 받는 의사, 봉직의의 길

의대생일 때는 의사라고 하면 주로 대학병원 교수를 먼저 떠올리지만, 의사 중 가장 많은 수를 차지하는 건 의원급에서 일하는 개원의 또는 봉직의입니다. 보건복지부가 발간한 〈2021년 손에 잡히는 의료 심사·평가 길잡이〉에 따르면, 2021년 기준 병·의원 등 임상에서 활동하는 의사는 총 10만 9,937명이었습니다. 이 가운데 가장 많은 4만 6,312명(42.1%)이 의원급에서 개원의 또는 봉직의로 일하고 있었습니다.

봉직의란, 대학병원, 종합병원, 지역 병원 등 다양한 의료기관에 근로 계약을 맺고 근무하는 의사입니다. 봉직의는 의료기관과 근로 계약에 따라 고용된 의사들입니다. 병원에서 일하는 봉직의는 여느 직원처럼 매달 월급을 받습니다. 대학병원 교수도 넓게 보면 대학병원에 취직한 봉직의라 할 수 있습니다. 하지만 통상 봉직의는 대학병원이 아닌 준 종합병원이나 1차 의료기관에 취업한 의사를 말합니다. 지역 병원에서 일하는 '로컬 페이 닥터'라고 하면 여러분이 더 이해하기 쉽겠죠?

봉직의의 근무 형태

봉직의도 근무하는 병의원 형태, 전문의 자격증 여부, 전문 과목, 술기 여부 및 개인의 능력에 따라 노동 강도, 처우 및 급여가 천차만별입니다.

2020년 대한병원의사협의회가 주최한 설문 조사에 따르면 상급종합병원에 근무하는 봉직의의 주당 근무 시간은 71시간이었습니다. 반면 의원급 봉직의는 평균 43시간이었습니다. 두 그룹 간의 근무 시간 차이는 28시간이었습니다. 근무 시간뿐 아니라 상급 및 종합병원의 봉직의는 업무 강도가 상당합니다. 응급실과 입원 환자를 보며 초과 근무와 야간 및 주말 근무를 소화하기도 합니다. 퇴근 후에도 병실에 있는 환자들을 케어하느라 전화를 받고 급한 상황에서는 다시 병원으로 달려가기도 합니다.

봉직의는 정규직이 아니다

'의사도 잘릴 수 있다'라는 사실을 아는 사람은 많지 않습니다. 의사는 정규직이 아닌 계약직입니다. 봉직의는 대부분 1년 단위 계약직으로 1년마다 계약을 유지하거나 종료합니다. 환자 수가 적거나 수익 기여도가 부족하다고 판단되면 재계약이 거절될 수 있습니다. 직장인이 매출 목표를 채워야 하고, 프리랜서가 프로젝트 수주를 위해 노력해야 하듯, 의사 역시 환자 진료라는 본질적 업무 외에 환자 수, 시술·수술 건수, 수익 기여도 등의 지표로 평가받는 경우도 있습니다. 즉, '성과'에 대한 압박을 느끼는 점에서는 일반 직장인들과 크게 다르지 않습니다.

보건복지위원회 보고에 따르면, 지방 의료원 의사 채용에서 정규직 의사의 평균 근무 연수는 8년이었지만, 계약직의 경우 3년 5개월에 불과했습니다. 계약의 형태가 근무 기간에 영향을 미친다는 것을 알 수 있는 보고였습니다.

다만, 봉직의도 근무 조건이 마음에 들지 않으면 언제든지 병원을 떠날 수 있습니다. 그래서 일부에서는 평생 직장이라는 개념보다 이직이 잦은 편이기도 합니다. 자발적 또는 비자발적으로 병원을 옮겨 다니기도 합니다. 봉직의로 일하며 기술과 경력을 쌓은 후 개업으로 전환하기도 합니다.

✚

나만의 병원이라는 꿈, 개업 의사의 길

마지막은 자신의 병원을 차려 꾸리는 개업의입니다. 개업의는 병의원의 설립부터 운영, 관리, 홍보까지 모두 직접 관여합니다. 환자를 진료하는 일은 물론이고 인사, 재무, 시설 관리까지 챙겨야 하므로 자영업자나 프리랜서와 비슷한 점이 많습니다. 원장 혼자 진료하는 작은 의원급이라면 자리를 잡기 전까지 휴가조차 내기 어렵습니다. 개업한 의사 선배는 개원 초기 5년 동안 단 하루도 휴가를 가지 못했다고 회상하기도 했습니다. 완벽주의 성향의 의사일수록 다른 사람에게 위임하지 못해 부담이 커지기도 합니다.

하지만 고충만 있는 것은 아닙니다. 장점도 분명합니다. 개업의는 스스로 진료 시간과 진료 방식을 결정할 수 있는 자율권이 있습니다. 병원이 안정적으로 자리 잡으면 수입의 상한선도 봉직의보다 높을 수 있습니다. 또 자신이 꾸린 조직에서 환자들과 장기간 신뢰 관계를 맺을 수 있다는 점에서 큰 보람을 느끼는 경우도 많습니다. 그래서 한번 자리를 잡으면 다시 봉직의로 돌아가지 않는 경우가 대부분입니다. 다만 직원 급여·운영비·시설 투자 부담이 크고, 환자 유치 경쟁에서 살아남아야 하는 부담도 만만치 않습니다.

어떤 길로 가야 행복할까

많은 봉직의가 언젠가는 개업을 꿈꾸지만, 실제로는 고민이 큽니다. 사실 저도 여러 번 개업을 꿈꿨습니다. 내 병원에서 나와 마음 맞는 직원들과 화기애애하게 함께 일하는 상상을 해봤습니다. 안정적으로 운영되면 좋겠지만 그렇지 않다면 생각만 해도 아찔합니다. 매달 직원들 월급이나 줄 수 있을까, 직원 관리는 어떻게 하고, 문제가 되는 환자가 나타나면 어떡하지. 환자가 안 오면 또 어쩌나. 이런저런 상상을 하니 개업은 나중으로 미루고만 싶죠. 매달 25일만 되면 따박따박 월급이 나오는 마음 편한 봉직의가 최고다 싶습니다.

이렇게 개원을 미룬 지 벌써 수년째입니다. 하지만 언제까지 봉직의로 살 수 있을지 미지수입니다. 제가 이곳에서 나간다고 하면 여기에 오겠다는 의사들이 줄을 섰으니까요. 그래서 누군가는 고용 안정성을 위해 하루라도 빨리 개원해서 자리를 잡는 것이 좋다고 합니다. 반대로 개원했다가 병원을 접고 봉직의로 돌아오는 경우도 있습니다.

봉직의와 개원의는 서로 트랜스폼transform가능합니다. 그 과정이 쉬운 일은 아닙니다. 직분, 업무, 책임의 범위가 다르기 때문입니다. 아무튼 트랜스폼을 하는 건 용기와 준비가 필요한 일임에 분명합니다.

지혜롭고 다정한
의사 할머니가 되고 싶어

의사들이 은퇴가 늦은 이유

한때 '파이어FIRE족'이 유행했습니다. 경제적 자립을 의미하는 Financial Independence와 조기 은퇴를 의미하는 Retire Early를 합친 단어에서 알 수 있듯 이른 나이에 경제적 자유를 확보해 조기에 은퇴하고, 하고 싶은 일을 하며 살아가는 인생을 지향하는 사람들입니다. 하지만 의사만큼은 예외인 경우가 많습니다.

2018년 〈의협신문〉이 의사 850명을 대상으로 조사한 결과에 의하면, 의사들이 생각하는 은퇴 적령기는 '60세 이상에서

70세 미만'이었습니다. 일반인이 생각하는 은퇴 연령(60.9세)과 크게 다르지 않았습니다. 하지만 설문 조사 세부 내용을 보면 현실은 달랐습니다. 30대 의사 중 6.8퍼센트는 '50세 이전 은퇴'를 희망했지만, 실제 50대에서 60대 응답자 중에서는 단 한 명도 '50세 이전 은퇴'를 택하지 않았습니다. 오히려 '은퇴 적령기'로 본 60대에 다다른 의사들 중 절반 이상은 70세 이후까지 진료를 계속 하고자 했습니다.

평생 은퇴가 없는 직업

왜 이런 차이가 생길까요? 이유 중 하나는 의사는 공식적인 은퇴 나이가 없기 때문입니다. 회사원처럼 60세 정년이 명시된 것도 아니고, 연령 제한이 뚜렷하지 않습니다. 이를 좋게 봐서 '평생 일할 수 있는 직업'이라고 긍정적으로 말하기도 하지만, 또 다른 쪽에서는 '평생 은퇴가 없이 일해야 하는 직업'이라고 말하기도 합니다.

대학병원 교수의 경우 법적으로 정년은 만 65세입니다. 하지만 퇴임한 교수들이 모두 진료를 그만두는 것은 아닙니다. 상당수는 다른 사립 병원이나 지역 의료원, 또는 공공기관으로 자리를 옮기거나 개원을 통하여 다시 환자 진료를 이어가는 경우가 흔합니다. '정년'은 단지 소속을 옮기는 시점일 뿐, 진짜 은퇴와는 거리가 있습니다.

개원가의 경우에는 더 뚜렷합니다. 자신의 병원을 운영하는 경우, 체력이 허락하는 한 70세, 80세까지도 환자를 봅니다. 실제로 구순이 넘어서까지 요양 병원에서 환자를 돌보며, 100세 현역을 꿈꾸었던 한원주 선생님은 노환으로 영면하기 직전인 94세까지 진료를 계속했다고 전해집니다.

물론 가장 확실한 은퇴 이유는 건강상의 문제가 발생했을 경우입니다. 한 원로 개원의 선생님은 암 진단을 받고 치료를 위해 병원을 접을 수밖에 없었습니다. 하지만 항암 치료 후에도 완전히 진료에서 손을 놓지 못했습니다. 본인이 운영하던 병원은 접었지만, 다른 병원에서 대진 의사로 환자를 보며 의사라는 정체성을 이어갔습니다.

✚

의사들은 왜 은퇴하지 않을까?

의사들이 나이가 들어도 쉽게 은퇴하지 않은 이유는 단순하지 않습니다. 경제적인 필요, 전문성의 가치, 환자와의 관계, 그리고 소명 의식 등이 복합적으로 얽혀 있습니다.

경제적인 이유

의사 역시 다른 직업인과 마찬가지로 노후를 설계해야 합니다. 자녀 교육비, 병원 운영 자금, 은퇴 이후의 생활비 등은 나이가 들수록 큰 부담입니다. 그래서 수입의 일정 부분을 유지하려는 이유로 진료를 이어가는 경우가 많습니다. 건강상 문제가 없다면 눈이 보이지 않거나 걷지 못하게 될 때까지 하겠다는 의사도 있습니다.

전문성의 발전

의사의 진료 능력은 나이가 들어갈수록 오히려 깊어지기도 합니다. 물론 의학 지식은 계속 업데이트해야 하지만, 수십 년간 환자를 보면서 쌓아온 '임상적 감각'과 '경험과 직관'은 책으로는 배울 수 없는 자산입니다. 젊은 의사가 교과서대로 진료를 잘한다면, 나이 든 의사는 복잡한 환자의 이야기를 듣고 전체 그림을 그려내는 능력이 있습니다. 이런 통찰은 나이가 들어도 쉽게 사라지지 않고, 후배들이 바로 대체할 수 없기 때문에 은퇴를 미루는 이유가 됩니다.

환자와의 관계

의사와 환자와의 관계는 몇 년에서 길게는 수십 년 동안 이어집니다. 환자는 자신을 오랫동안 돌봐준 의사를 가족처럼 생각합니다. 한 병원의 원장님이 갑작스러운 병으로 병원을 닫았을 때, 환자들이 의사를 잃은 충격에 한동안 우울해했다는 이야기도 있습니다. 의사 또한 환자의 삶과 병력을 누구보다 잘 알게 됩니다. 그래서 의사와 환자의 관계는 단순 '의료 서비스 제공자와 소비자'의 관계를 넘어섭니다. 환자는 "선생님이 아니면 안 된다"라고 말하고, 의사는 '내가 아니면 이 환자들이 어디로 가나' 하고 걱정합니다. 이런 깊은 신뢰와 연결 때문에 의사가 스스로 진료를 내려놓는 일은 쉽지 않습니다.

소명 의식

의사라는 직업은 생계를 위한 일이자 동시에 '사람을 돕는 평생의 소명'으로 여겨지기도 합니다. 한원주 선생님은 94세까지 환자를 돌보며 '100세 현역'을 꿈꾸셨습니다. 의사들에게 환자를 돕는 일은 곧 자신의 존재 이유와도 같습니다. 그래서 은퇴를 단순히 직업 활동의 끝으로 여기기보다는, 몸이 허락하는 한 마지막까지 이어가야 하는 사명처럼 받아들이기도 합니다.

은퇴 기준은 나이가 아니라 삶의 형태다

의사들에게 은퇴란 완전한 '멈춤'이 아니라, 진료 시간을 줄이거나 다른 형태로 일하는 '전환'에 가깝습니다. 어떤 의사는 후학을 양성하고, 어떤 의사는 강사나 자문으로 활동하며 사회에 기여하기도 합니다. 은퇴는 단절이 아니라, 일의 형태를 바꾸는 과정에 가깝습니다.

은퇴는 나이로 정해지는 것이 아닙니다. 중요한 것은 '내가 어떤 삶을 살고 싶은가'라는 더 근본적인 질문입니다. 파이어족 또한 마찬가지입니다. 조기 은퇴를 선언했더라도, 결국 자신이 가진 경험을 나누거나 새로운 일을 찾아나섭니다. 그들에게 은퇴란 완전한 멈춤이 아니라, 또 다른 방식의 일과 삶을 찾아가는 과정이었던 것입니다.

그래서 우리에게 더 중요한 질문은 바로 이것입니다. "나는 의사로서 언제까지 일해야 할까?"가 아니라, "나는 어떤 삶의 형태로 살아가고 싶은가?" 삶을 멈추는 순간이 언제일지 알 수 없는 우리는, 살아 있는 동안에는 자신의 삶을 어떻게 채울 것인지 묻고 답하며 살아가야 하지 않을까요?

병원이 아니어도
꿈을 펼칠 수 있다

스타트업을 차리고 싶은 예비 의대생들에게

지금 전 세계에선 젊은이들에게 창업을 활발하게 권하고 있습니다. 빅테크를 중심으로 기술이 빠르게 발전하고 산업의 경계는 무너지고 있으며 아이디어가 있는 곳으로 자본이 유입되고 있습니다. 따라서 독창적인 아이디어를 사업 아이템으로 만들어 새로운 수익화를 꿈꾸는 스타트업이 많이 생기고 있습니다.

코로나19를 전후로, 우리나라 의사 사회에서도 창업 열풍이 커졌습니다. 정부 역시 바이오헬스케어 분야가 미래 성장

동력이 될 것으로 보고 정책적으로 창업을 육성하였습니다. 일반적으로 의사는 대학병원 교수가 되거나, 병원에 소속된 봉직의사가 되거나, 개인 병원을 경영하는 삶을 살게 됩니다. 그러나 이런 추세에 따라 그동안 일반적인 의사들의 삶에서 벗어나 창업을 하고 싶어 하는 경우가 꽤 많아졌습니다.

저 역시 공공의료기관에서 일하면서 4년 전에 스타트업을 창업했습니다. 그 전에는 대학병원에서 펠로우를 끝내고 이직해 지금 다니는 의료 기관에서 10년간 환자를 보고, 연구 팀을 만들어 의료 인공지능 연구를 했습니다. 그러다 환자들에게 필요한 디지털 서비스를 만들기 위해서 창업을 했습니다. 혹시 여러분 중에 의사가 되어서 언젠가 사업을 하고 싶은 꿈을 품어본 분이 있다면 제 이야기가 작은 도움이 되길 바랍니다.

✚

의사들은 왜 창업을 할까?

수련 기간을 끝내고 본격적으로 진료를 시작하게 되면, 아직 해결되지 못한 의학, 의료 문제가 눈에 보이기 시작합니다. 또 이는 진료와 연구로 당장 해결되기 어렵다는 것을 느끼게 되고, 이런 문제를 창업을 통해서 해결하려는 생각이

듭니다. 의사들은 주로 질병의 진단, 치료, 관리, 예방, 환자 서비스, 병원 효율화 서비스 등으로 창업을 하는 경우가 많습니다. 당연히 이런 창업 아이템을 사업으로 실현하기 위해서는 바이오 기술, 유전체 기술, IT, 인공지능 등 다양한 기술을 활용할 줄 알아야 합니다.

의사는 창업할 때 여러 가지 장점이 있습니다. 먼저 의료, 헬스케어 산업은 전 세계적으로 성장하는 산업 분야입니다. 인간이 건강하게 오래 살기 위한 욕망은 무한하기 때문에 산업적으로 발전할 수밖에 없고, 이 분야에서 성공적인 비즈니스를 만든다면 의사로서 성공한 것보다 더 큰 성취를 얻을 수도 있을 것입니다. 또 의사는 고도의 전문성을 가지고 있고, 과학적 방법론을 배웠기에 수준 높은 제품을 개발할 수 있습니다. 더군다나 의료 시스템에 독점적인 접근성을 가지고 있기에 의사가 아닌 사람이 의료 분야 창업을 하는 경우보다 많은 정보를 보유할 수도 있습니다. 게다가 자신이 개발한 제품에 대해서 연구 개발 목적으로 활용하며 임상 현장에서 피드백을 받을 수도 있습니다. 의사의 직업적 신뢰도가 높기 때문에 초기에 투자를 받을 확률도 다른 사람들보다 큽니다.

✚

의사들이 창업할 때 주의해야 할 점

그러나 의사들도 창업에 취약한 부분이 있습니다. 의사들의 수련 과정은 기본적으로 일대일로 교육하며 전문가를 양성하는 도제 시스템입니다. 일반적으로 기업에서 팀을 구성해 각자의 역할을 정하고 함께 수행하는 팀 플레이가 기본인 것과 다릅니다. 따라서 도제식 교육에 익숙한 의사들이 창업을 하고 수월하게 운영하기 위해서는 기업에서 일하는 모습과 커뮤니케이션 방법을 배워야 합니다. 또 법과 제도를 분석하고 정책 변화를 읽는 것도 사업에서는 중요하기 때문에 자본시장과 거시 경제에 대한 공부도 필요합니다. 기술 개발 이후에는 서비스나 제품을 판매하는 영업과 마케팅 전략도 알아야 합니다. 따라서 의대에 와서, 창업에 관심이 있다면 학부 때부터 다양한 창업 프로그램 및 동아리 활동을 통해서 여러 분야의 학생들과 소통하면서 창업 과정을 미리 연습해보는 것이 좋습니다.

✚

의대생에게 병원 밖을 권하는 이유

저는 의사의 창업이 앞으로 더욱 중요하고 이 사회에 필요하다고 생각합니다. 의학을 배워서 환자를 진료하는 것도 매우 중요하지만, 전 세계의 보건 의료 현장에서는 진료만으로 해결되지 않는 문제들도 많습니다. 우리나라는 의료 접근성이 좋은 편이지만, 우리나라 밖으로 나가면 의료 서비스를 쉽게 받지 못하는 곳도 많습니다. 또 의료 비용은 세계적으로 빠르게 증가하는 추세고 당장 의료 서비스가 필요한 사람에게 제때 제공되지 못하는 의료 서비스 분배의 문제도 있습니다. 그러니 질환별로 환자들의 진단과 치료 효율을 높여주는 기술 개발은 물론 가정과 지역사회에서 스스로 건강 관리를 도와주는 서비스가 필요합니다.

의학계에서는 단지 진료만 성실히 할 게 아니라, 연구 개발을 통해서 의학의 진보를 만들어내야 합니다. 저는 의사들이 직접 창업을 해서 이러한 의료 현장의 문제를 해결하기 위해서 나서야 한다고 생각합니다. 기업들이 그러했듯 의료에서도 반복적인 업무들은 최대한 기술로 자동화하고, 의사들은 진료실에서만 있을 게 아니라 적극적으로 창업해서 환자들에게 더욱 좋은 서비스를 제공해야 합니다. 만일 여러분이 지금 당장은 의대를 졸업하고 의사 면허증을 딴 다음에 궁극적으로는 창업을 하겠다는 그림을 그리고 있다면, 앞서 말한 점들을 생각해 봤으면 좋겠습니다. 의사에게는 병원 안에서만이 아니라, 병원 밖 의료와 헬스케어 분야에서 사업적

으로 도전할 수 있는 많은 기회들이 있습니다. 여러분이 의
대에 와서 의사가 된 후에도 나아갈 수 있는 더 넓은 세계를
꿈꾸기를 바랍니다.

인공지능과 의사가
공존하는 병원을 상상하다

인공지능과 의사가 함께 일하는 미래

요즘 세상의 모든 곳에서 인공지능을 이야기합니다. 구글, 메타, 애플 등 전 세계 시가총액이 가장 큰 테크기업들은 모두 인공지능 기업입니다. 인공지능은 일시적인 트렌드가 아니라 모든 산업 전반을 혁신하는 기술로 자리잡았고 의료 현장도 이 기술에 큰 영향을 받고 있습니다. 현재 10대일 여러분이 의사가 되었을 때는 이미 현장에서 지금보다 더 많이 인공지능이 사용되고 이와 관련한 여러 문제들이 생길 것입니다. 다만 미래를 정확하게 예측하기는 어렵습니다. 그래서

여기서는 의사의 미래를 상상해 볼 수 있도록 현재 인공지능
이 어떻게 의료 시스템을 변화시키고 있는지 이야기해 보려
고 합니다.

의료 현장에서 의사는 환자 검사를 통해 만들어진 다양한
데이터를 종합적으로 분석해 진단을 내리고, 필요한 치료를
하는 의사 결정 과정을 반복하게 됩니다. 환자가 병원에 와
서 의사를 만나면 의사는 환자의 증상을 묻고 신체 검진을
하고 혈액검사, 영상 검사, 특수 검사 등을 시행합니다. 이렇
게 만들어진 다양한 데이터를 종합해서 의사는 의학적인 판
단을 합니다. 판단이 쉽게 되지 않을 경우, 시간을 두고 관찰
하면서 증상과 검사 변화 추이를 본 후에 판단을 하기도 합
니다. 치료를 시작하고 나서도 환자의 상태가 호전되는지 여
러 검사를 통해서 관찰하게 됩니다. 즉 시간의 흐름에 따라
서 환자 데이터를 모으며 분석하고 의사 결정을 하는 것입니
다. 의대생과 전공의의 트레이닝 과정은 이렇게 의학 지식을
모두 학습한 상태에서 환자에게서 나오는 데이터를 분석할
수 있는 능력을 갖추는 것입니다.

이를 위해서는 지금까지 과학적으로 입증된 많은 의학 지
식을 공부하여 스스로의 것으로 만들어야 하고, 또한 최신
진료 지침을 계속 공부해야 합니다. 즉 의사가 되는 과정은
의학 지식 데이터와 환자 데이터를 통한 이른바 '의료 인간

지능'을 학습하는 과정입니다.

그렇다면 인류의 모든 의학 지식과 환자들이 만들어내는 검사들을 모두 인공지능이 학습하게 된다면 '인공지능 의사'가 만들어지는 것이 아닐까요? 실제로 이러한 방향으로 의료 인공지능이 발전하고 있습니다. 의료 인공지능이 처음 주목을 받았던 2015년 전후에는 영상 검사를 인공지능이 인간만큼 잘 맞출 수 있을지 테스트하며 인공지능 솔루션이 개발되었습니다. 예를 들어 흉부 엑스레이 사진 수백만 장을 학습하여 인공지능이 영상에서 보이는 질환의 종류와 위치를 알아내도록 개발된 AI 솔루션이 있었습니다.

또 유방암을 검진하는 유방촬영술의 경우 인공지능 솔루션이 유방촬영술을 판독하는 영상의학과 전문의만큼의 높은 성능을 보여주는 연구 결과가 있습니다. 피부 질환을 판단하는 의료 인공지능은 피부과 전문의만큼 피부암을 잘 진단합니다. 이런 방식으로 여러 가지 인공지능 기반 소프트웨어 의료 기기가 개발되었습니다. 국내에서는 루닛 , 뷰노 같은 의료 인공지능 기업이 상장되어 있고, 개발된 의료 인공지능 소프트

의료진의 의료 영상 판독을 보조해 암 진단 정확도를 높이는 AI 의료 진단 기업.

의료영상, 병리, 생체신호, 의료 음성 등 광범위한 데이터를 포해 의사의 진단을 보조하고 예후를 예측하는 기술을 개발, 활용하는 기업.

웨어 의료 기기는 현재 진료 현장에서 도움을 주고 있습니다.

그러나 인공지능 기술이 더욱 발전하면서, 의사의 검사 판독을 보조하는 것을 넘어서고 있습니다. 특히 챗지피티 등 지식을 학습하여 답변을 하는 생성형 인공지능이 의료 분야에서도 개발되었고, 이제는 텍스트는 물론 영상, 동영상, 음성도 같이 학습하여 결과를 만들어내는 멀티모달Multimodal 인공지능으로 발전했습니다.

기존의 수많은 의학 논문을 모두 학습하고, 환자에게서 생성되는 데이터 즉, CT, MRI, 혈액검사, 소변 검사 등을 통해 나온 데이터를 분석해 인공지능이 환자의 상태를 파악하게 되면, 인공지능으로 진료 및 치료를 모두 할 수 있는 것이 아닐까요? 의료 인공지능이 영상에서 의사가 놓친 병변을 찾아낸다거나, 여러 의사가 진단하지 못한 질병을 생성형 인공지능으로 진단을 찾아냈다거나, 구글 등 빅테크에서 만든 의료 인공지능이 미국의사국가시험을 높은 성적으로 통과했다는 기사를 종종 볼 수 있으니까 말입니다.

20년 전만 해도 경험이 많은 택시 기사들이 오직 경험과 판단을 사용해 막히는 도로들을 모두 피해서 가장 빠른 길을 찾았습니다. 그런데 네비게이션이 보급되면서, 경험이 많지 않은 택시 기사들 역시 많은 도움을 받게 되었습니다. 그러나 그때에도 여전히 경험이 많은 택시 기사들이 더 길을 잘 찾고, 더 빠르게 손님을 목적지까지 데려다 주었습니다. 그러나 최근의 네비게이션은 엄청나게 쌓인 많은 데이터로 실시간 도로 상황까지 파악하면서 안내를 해주기 때문에 경험이 많은 택시 기사의 판단보다 더 나은 결정을 내리고 있습니다. 아무리 연륜이 오래된 택시 기사라도 네비게이션 없이 택시를 몰지 않게 되었죠. 그런데 이제는 아예 택시 기사도 없이 인공지능 자율주행 기술로 운행하는 무인 택시들이 곧 나올 듯합니다. 택시 기사라는 직업은 앞으로 사라지지 않을까요?

당연히 의사들도 이런 미래의 길목 앞에 서 있는 것이 아닌지 걱정될 수 있습니다. 실제로 인공지능이 숙련된 의사를 아득히 넘어설까요? 저는 데이터가 충분하고 잘 설계된 인공지능 학습 과정이 있다면 인류는 언젠가 의사와 거의 흡사한 인공지능을 만들 수 있다고 생각합니다. 몇 개의 검사로 간단한 판단을 하는 의료 인공지능은 곧 만들어질 것이고, 인공지능과 로봇이 결합한 형태, 즉 피지컬 AI가 필요한 수술 등의 영역은 시간이 오래 걸릴 뿐이죠. 발전된 의료 인공지능이 개발되면 경험이 부족한 택시 기사들이 네비게이션에 의존하듯, 트레이닝이 충분히 되지 않은 의사들은 인공지능에 의존하게 될 것입니다. 그런데 이런 일이 단시간에 발생할까요?

즉 의대를 가고 싶어 하는 학생들이 실제로 전문의가 되었을 때, 인공지능에 밀려서 직장을 잃을까요? 저는 그 정도로 빠르게 다양한 인공지능이 개발되고 의료 현장에서 의사들의 역할을 대체할 수 있다고 생각하지는 않습니다. 그러나 지금으로부터 10년 정도가 지나면 많은 인공지능이 의료 현장에서 도움을 주고 있으리라는 것은 당연합니다. 인공지능이 발전하면서 의사가 할 수 있는 실수들은 많이 줄어들 것이고 단순한 진료는 인공지능의 도움을 받아서 매우 편하게 이루어질 것입니다. 하지만 그때도 환자의 종합적인 판단에는 의사가 여전히 중심적인 역할을 할 것입니다.

그러면 30년 후에는 어떻게 될까요? 그때쯤이면 모든 인공지능이 개발되어 의사의 역할은 없어질까요? 기술 개발이 급격하게 이뤄진다면 의사들이 의료 현장에서 하는 기술적인 역할의 대부분을 할 수도 있다고 생각합니다. 그러나 저는 역시나 그런 미래에도 의사는 엄청나게 중요한 일을 하고 있을 것이라 예상합니다. 인공지능이 발전하더라도 치료에서 의사 결정의 최종 역할은 의사에게 있을 것이기 때문입니다. 의료 행위에는 책임이 따릅니다. 그리고 인류는 그 책임을 의료 인공지능이 아니라 그것을 사용한 사람, 의사에게 책임을 물을 것입니다. 세상에 모든 것이 완벽하기는 어렵고 의료 역시 마찬가지로 문제가 발생할 수밖에 없는 영역입니다. 인공지능이 발전하더라도 인공지능이 내린 판단을 수용하거나, 보류하거나, 거부하는 것의 열쇠는 의사가 쥐고 있을 것입니다.

또 환자들도 인공지능보다 인간 의사와 눈을 맞추며 감정을 교류하면서 진료를 보고 싶어 할 것입니다. 의료는 단순히 기계적으로 일을 수행하는 것이 아닌 서비스의 영역이기에 환자와의 대면 서비스에서는 의사가 그 역할을 할 수밖에 없습니다.

이런 상황에서 의사들은 간단한 진료는 인공지능에 맡기고 좀 더 환자에게 집중하면서, 더 고차원적인 의료를 할 수 있을 것입니다. 현재의 '3분 진료'를 벗어나 환자의 삶 전체를 만들어가는 동반자 역할을 할 수 있을 것입니다. 또 인공지능을 적극적으로 활용하며 환자의 삶이 더 나아질 수 있는 데이터를 모으고, 좀 더 창의적인 의학 연구를 할 수 있을 것입니다. 인공지능은 데이터를 통해서 의사의 판단에 도움을 주는 일을 하고, 의사는 이제 창의적의 영역에 더 집중하며 새로운 가치를 만들어가는 일을 계속할 것입니다. 그러니 여러분이 미리 걱정하시거나 두려워하며 미래를 겁내기보다, 의사가 할 수 있는 훨씬 진취적인 일들을 상상해 보시길 바랍니다.

인공지능이 의사의
자리를 위협하더라도

인간 의사만이 할 수 있는 일

의사는 오랫동안 가장 안정적인 직업으로 각광받아 왔습니다. 하지만 인공지능이 여러 산업에 빠르게 스며들면서, 단단하게만 보였던 의사의 미래에도 조금씩 균열이 보이기 시작했습니다. 과연 우리 의료계에도 '알파고 모멘트'가 찾아올까요? 만약 온다면, 우리는 어떤 의사를, 그리고 어떤 사회를 준비해야 할까요? 이 질문은 더 이상 먼 미래의 상상이 아닌, 바로 우리 앞에 놓인 현실적인 과제가 되었습니다.

＋

최고 인간지능들이 모였던 곳

제가 의대에 재학하던 시절을 돌이켜보면, 가장 뛰어나다고 평가받던 수재들은 주저 없이 영상의학과를 선택했습니다. 그들은 엑스레이, CT, MRI 등 각종 영상 장비로 촬영한 흑백 이미지 속에서 질병의 단서를 찾아내는 과정을 마치 복잡한 암호를 해독하는 지적 유희처럼 여겼습니다. 한때 내과는 최고의 인재들이 모이는 곳이었다고 합니다. 환자의 모호한 증상과 수많은 검사 결과라는 파편화된 정보 속에서, 논리적 추론만으로 질병의 실체에 다가서는 과정에 큰 매력을 느꼈기 때문입니다. 두 과 모두 한정된 정보를 바탕으로 정확한 진단을 내리고 미래를 예측하는, 의사의 지적 능력이 가장 중요하게 여겨지는 분야였습니다. 그래서 저 역시 그런 고도의 판단 능력을 인공지능이 대체하기는 어려울 것이라고 생각했습니다.

하지만 그 믿음은 이제 송두리째 흔들리고 있습니다. 아이러니하게도, 한때 인간 지성의 보루로 여겨졌던 바로 그 영역이 오늘날 의료 인공지능의 주요 공략 대상이 되고 있습니다. 이미 특정 암 진단 등에서는 인공지능의 진단 능력이 인간 의사를 넘어서고, 심지어 인공지능의 보조를 받는 의사보다 인공지능 혼자서 더 나은 판단을 한다는 연구 결과들이 쏟아집니다. 제가 학생일 때 가장 똑똑한 친구들이 향했던 분야가, 이제는 가장 먼저 인공지능의 도전을 받는 최전선이 된 셈입니다.

인공지능, 위기의 의료 시스템을 구할 수 있을까?

세계 최고 수준의 접근성을 자랑하는 우리나라 의료는 지금 중대한 위기에 직면해 있습니다. 우리 사회가 빠르게 고령화되면서 만성질환 등으로 꾸준히 치료받아야 할 노인은 늘어나는데, 이들을 뒷받침할 젊은 세대는 줄어들고 있습니다. 여기에 효과는 좋지만 매우 비싼 신약과 새로운 치료법이 계속 등장하면서 국가 전체의 의료비 부담은 눈덩이처럼 불어나고 있습니다.

이런 상황에서 인공지능은 의료 시스템의 지속 가능성을 높일 강력한 해결책이 될 수 있습니다. 상상해 보십시오. 환자 한 명이 진료실에 들어옵니다. 인공지능은 그 즉시 수십 년간 쌓인 전자의무기록, 수백 장의 영상 판독 결과, 최신 혈액 검사 수치를 단 몇 초 만에 종합 분석합니다. 그리고 5년 전 환자가 무심코 말했던 생활 습관과 최근의 미세한 혈당 변화를 연결해, 인간 의사가 놓칠 수도 있었던 희귀질환의 가능성을 제시합니다.

　과거에는 가장 경험 많은 명의만이 할 수 있었던 이런 통합적 사고를 인공지능이 상당 부분 대신한다면, 의료계의 생산성은 가히 폭발적으로 향상될 것입니다. 어쩌면 감기나 고혈압 같은 흔한 질환을 보는 동네 의원의 진료 중 상당수는, 인공지능에 의해 충분히 대체되거나 보조될 수 있는 시대가 생각보다 빨리 올지도 모릅니다.

✚

인공지능이 의사를 대체할 수 없는 3가지 이유

　이러한 변화는 '좋은 의사'의 기준 자체를 바꿀 것입니다. 과거에는 정확한 진단 같은 머리 쓰는 일이 높은 가치를 인정받았습니다. 하지만 인공지능 덕분에 똑똑한 진단이 상품처럼 보편화된다면 어떻게 될까요? 그렇다고 해서 인공지능이 바로 인간 의사의 자리를 대체하지는 못할 것입니다. 기술만으로는 넘기 힘든 세 가지 현실적인 장벽이 있기 때문입니다.

　첫 번째 장벽은 '책임'의 문제입니다. 인공지능이 그럴듯한 거짓말을 만들어내는 환각 현상이나, 왜 그런 결론을 내

렸는지 설명하지 못하는 블랙박스 문제는 환자의 생명을 다루는 의료 현장에서 치명적입니다. 만약 인공지능의 권고에 따라 치료했는데 환자에게 돌이킬 수 없는 해가 발생했다면 그 책임은 누가 져야 할까요? 개발사, 병원, 아니면 인공지능을 최종적으로 신뢰한 의사일까요? 이처럼 법과 제도가 명확하지 않은 상황에서 섣불리 인공지능에 최종 판단을 맡길 수는 없습니다.

두 번째 장벽은 신뢰에 대한 인간의 심리입니다. 우리는 비행기의 자동 조종 장치가 인간 조종사보다 통계적으로 훨씬 안전하다는 것을 알면서도, 비행기가 심하게 흔들리는 위기의 순간에는 인간 조종사가 조종간을 잡고 있기를 바랍니다. 의료도 마찬가지입니다. 우리는 기계의 통계적 완벽함보다, 내 상황을 이해하고 나와 함께 책임져 줄 '사람'의 존재에 더 큰 안정감을 느낍니다. 인공지능의 오진 사례 하나가 언론에 보도되었을 때 사회적 불신이 걷잡을 수 없이 커질 수 있는 이유입니다. 실수에 대한 원인을 파악하고, 책임을 묻고, 재발 방지를 약속하는 과정을 통해 신뢰를 회복하는 과정은 기계가 아닌 사람만이 할 수 있는 영역입니다.

마지막 세 번째 장벽은 비용의 역설입니다. 앞선 두 장벽이 해결되지 못하면, 인공지능은 비용 절감의 해법이 되기는커녕 오히려 비용을 증가시키는 애물단지가 될 수 있습니다.

현행법상 의료 사고의 최종 책임은 오롯이 의사에게 있습니다. 이런 상황에서 의사는 법적 책임을 피하기 위해서라도 인공지능이 제출한 완벽한 보고서를 참고만 할 뿐, 모든 검토 과정을 처음부터 끝까지 다시 수행할 수밖에 없습니다. 이는 마치 최신형 계산기를 사놓고도, 혹시 틀릴까 봐 모든 계산을 주판으로 다시 해보는 것과 같습니다. 결국 의료 시스템은 값비싼 인공지능 사용료와 의사 인건비를 이중으로 지불하게 되고, 전체 비용은 오히려 증가하는 역설이 발생합니다.

✚

미래 의사에게 필요한 3가지 역량

그렇다면 인공지능 시대에, 미래의 의사들은 어떤 역량을 갖춰야 할까요? 저는 아래 세 가지가 인공지능이 대체할 수 없는 인간 의사 고유의 영역이라고 생각합니다.

첫 번째, 정교한 손기술입니다. 수십 년의 훈련으로 완성되는 외과 의사의 수술 능력처럼, 인간의 몸을 직접 다루는 기술은 여전히 중요합니다. 이는 단순히 손을 움직이는 것을 넘어, 수술 중 발생하는 예기치 못한 변수에 대응하고, 손끝의 감각으로 조직의 미세한 차이를 느끼며 판단하는 체화된 인간 지능의 영역입니다. 로봇 수술이 발전하고 있지만, 이 모든 과정을 총괄하고 최종 책임지는 것은 여전히 인간 의사의 몫입니다.

두 번째, 시스템을 이해하고 조율하는 지휘자의 역할입니다. 환자 한 명을 제대로 치료하기 위해서는 수술, 영상, 약물, 재활 등 여러 분야 전문가들의 협업이 필수적입니다. 미래 의사는 각 분야의 전문가와 소통하며 최적의 치료 계획을 이끌고, 복잡한 병원 시스템과 의료 정책을 이해하며 환자에게 가장 유리한 길을 찾아주는 의료 팀의 리더 역할을 해야 합니다. 이는 데이터를 분석하는 인공지능이 아닌, 사람과 조직을 이해하는 인간만이 할 수 있는 일입니다.

셋째, 환자의 마음을 보듬는 공감과 소통의 능력입니다. 기술이 발전할수록 역설적으로 인간적인 가치는 더욱 중요해집니다. 환자의 고통에 깊이 공감하고, 어려운 의학 정보를 눈높이에 맞춰 설명하며 신뢰를 형성하는 것은 인공지능이 흉내 낼 수 없는 인간 의사의 가장 강력한 무기입니다. 나쁜 소식을 전해야 할 때의 무거운 침묵, 불안한 환자의 손을 잡아주는 따뜻한 체온, 더 나은 내일을 함께 약속하는 격려는 그 어떤 인공지능도 줄 수 없는 치유의 과정입니다.

인공지능이라는 거대한 파도는 피할 수 없는 현실입니다. 이 강력한 도구를 어떻게 활용하는가에 따라 우리 의료의 미래는 완전히 달라질 것입니다. 이 책을 읽는 미래의 의사, 바로 여러분에게 몇 가지 질문을 던지며 글을 마치겠습니다.

여러분은 인공지능과 '경쟁하는' 의사가 아니라, 인공지능을 '다루는' 의사가 되어야 합니다. 그러기 위해, 정교한 손의 기술을 어떻게 연마하시겠습니까? 여러 전문가를 이끄는 리더의 역량을 어떻게 키우시겠습니까? 그리고 무엇보다, 환자의 아픈 마음에 가장 먼저 가닿는 의사가 되기 위해 어떤 노력을 하시겠습니까?

이 질문에 대한 여러분의 답 속에, 인공지능 시대의 위기를 기회로 바꿀 우리 의료의 희망이 담겨 있다고 저는 굳게 믿습니다.

히포크라테스 선서가
우리에게 전하는 말

의사가 지켜야 할 양심과 윤리들

본과 3학년이 되면 의대생은 임상 실습을 앞두고 '화이트 코트 세레모니'를 진행합니다. 의사의 상징인 하얀 가운을 입고 의사로서 갖춰야 할 전문성, 사명감, 생명 존중의 정신을 다짐합니다. 이 자리에서 의대생은 히포크라테스 선언을 낭독하며 어떤 의사가 될지 상상합니다. 선서는 단순한 의식이 아니라, 우리가 앞으로 어떤 의사가 될 것인지 다짐하는 순간입니다.

히포크라테스 선서는 의사들의 양심이자 윤리다

1. 나는 인류에 봉사하는 데 내 일생을 바칠 것을 엄숙히 맹세한다.

2. 나는 마땅히 나의 스승에게 존경과 감사를 드린다.

3. 나는 양심과 위엄을 가지고 의료직을 수행한다.

4. 나는 환자의 건강을 최우선하여 고려할 것이다.

5. 나는 알게 된 환자의 비밀을 환자가 사망한 이후라도 누설하지 않는다.

6. 나는 내 능력이 허락하는 모든 방법을 동원하여 의료직의 명예와 위엄 있는 전통을 지킨다. 동료는 내 형제며, 자매다.

7. 나는 환자를 위해 내 의무를 다하는 데 있어 나이, 질병, 장애, 교리, 인종, 성별, 국적, 정당, 종족, 성적 지향, 사회적 지위 등에 따른 차별을 하지 않는다.

8. 나는 위협을 받더라도 인간의 생명을 그 시작에서부터 최대한 존중하며, 인류를 위한 법칙에 반해 나의 의학 지식을 사용하지 않는다.

9. 나는 이 모든 약속을 내 명예를 걸고 자유 의지로서 엄숙히 서약한다.

오늘날 히포크라테스 선서라는 이름으로 널리 사용되고 있는 것은 세계의사총회WMA에서 채택된 '제네바 선언'을 기반으로 합니다. 고대 그리스에서 만들어진 것을 현대적인 관점에서 재해석한 것입니다.

히포크라테스 선서는 히포크라테스 학파가 만든 혁명적인 개혁 선언이었습니다. 당시 의료진들 사이에서는 독약 처방, 환자 유인 행위 등이 성행했는데요. 선언문은 이를 바로 잡으려는 의료진의 노력의 일환이며 윤리 강령인 셈입니다. 2000년이 넘는 시간이 흘렀음에도 오늘날 의대생들이 여전히 그 다짐을 되새기는 이유는, 그 속에 담긴 가치가 시대를 초월하기 때문입니다.

✚

인류를 위한 법칙에 반하지 않는다

2023년, 약물에 취해 차를 몰다 행인을 치어 숨지게 한 '롤스로이스 사건'이 있었습니다. 가해자에게 마약을 투여한 것은 전직 강남 성형외과 원장이는데요. 그는 사고를 낸 가해자에게 마약을 불법 투약하고 진료 기록을 조작했습니다. 그의 휴대폰을 압수 수사하는 과정에서 여성 환자를 불법 촬영한 정황 또한 포착되어 죄질이 더욱 좋지 않았습니다.

경찰청 자료에 따르면 2018년부터 2022년 사이에 성범죄를 저질러 검거된 의사(한의사, 치과의사 포함)는 모두 793명에 달했습니다. '강간, 강제추행'으로 검거된 의사가 689명(86.9%)으로 가장 많았고, 카메라 등을 이용하여 '불법 촬영'한 경우는 80명(10.1%)이었습니다. 연간 평균 159명의 의사가 검거된 꼴입니다. 이 가운데 치료 중인 환자를 성추행 한 경우가 있었는데요. 환자가 마취된 상태에서는 저항할 수 없다는 점과 진료가 폐쇄적인 공간에서 진행되는 점을 잘 알고 있는 의사가 자신의 직업적 위치를 악용해 약자인 환자에게 위해를 가한 행동입니다. 이는 히포크라테스 선서 중 '인류를 위한 법칙에 반하여 나의 의학 지식을 사용하지 않는다'라는 다짐을 정면으로 위반한 사례입니다. 범죄 행위에 의학적 신분과 지식을 사용했다는 점에서 벌을 받고 비판받아 마땅합니다.

✚

환자의 건강을 최우선으로 해야 한다

2016년, 서울 성형외과에서 안면 윤곽술을 받던 20대 남성이 과다출혈로 사망했습니다. 이 일로 암암리에 진행되던 공장형 수술과 '유령 의사'의 실체가 폭로되었습니다. 환자에게는 얼굴 마담 격인 대표 원장이 모든 수술을 하는 것처

럼 설명해 놓고, 환자가 수면 마취에 의해 잠든 뒤 유령 의사
가 수술 및 뒤처리를 하는 식입니다.

더 충격적인 사건은 유령 의사가 의사가 아닌 경우였습니
다. 정형외과 전문의가 영업 사원에게 수술을 맡긴 사건입니
다. 파란 수술복을 입고 의사인 척 수술실을 드나들던 비의료
인이 결국 환자를 뇌사에 이르게 했습니다. 비용 절감과 이익
추구를 위해 환자의 생명에 도박을 건 것이었고, 이는 선서의
'환자의 건강을 최우선으로 한다'라는 원칙을 무너뜨린 행위
였습니다. 비의료인이 의사를 대신한 충격적인 사건은 사회
1면에 대서특필되었고, 의료계에도 경종을 울렸습니다.

환자는 의사를 믿고 차가운 수술대 위에 눕습니다. 환자의
신의를 버리고 대리 수술을 선택하는 이유는 돈 때문이었습
니다. 이는 환자의 건강을 최우선할 것이라는 히포크라테스
선언문을 정면으로 저버린 행동입니다.

✚

환자가 내 가족이라는 마음으로

일련의 사건들로 인해 전체 의료인에 대한 신뢰에 금이 가
게 되고 환자들의 불신은 높아지고 있습니다. 의료 윤리를
저버린 비양심적인 의사들 때문에 의료계 전체가 부정적인

이미지를 가지게 되었습니다. 그래서 의사의 진료 행위를 단속하고 처벌하는 법률이 점점 더 늘어나고 있습니다.

물질만능주의 사회에서 의사들은 각종 유혹에 빠지기 쉽습니다. 환자에게 불필요한 검사와 시술을 하게끔 유인하고, 불법적인 시술을 시행하기도 합니다. 비양심적인 행위를 하면 할수록 자신의 수입이 높아지기 때문에 양심을 팔아 돈을 버는 것입니다. 돈이 최고인 물질만능주의가 의사의 직업적 윤리마저 갉아먹은 셈입니다. 하지만 윤리 의식이 결여된 불법적인 행위는 그 어떤 이유로도 정당화될 수 없습니다. 의사에게 주어지는 연봉은 의사의 노고와 전문성에 따라오는 대가이며, 돈이 목적이 되어서는 안 됩니다.

히포크라테스 선언처럼 환자의 건강과 생명을 우선으로 생각하며 내 인생 전부를 바치는 것은 쉽지 않은 일입니다. 모든 의사에게 그들이 처한 환경을 고려하지 않고, 성인 군자처럼 높은 도덕 수준을 가지도록 요구할 수도 없습니다. 하지만 의사라면 환자를 치료할 때 진료에 앞서 스스로에게 질문해야 합니다. 환자를 도구로 보지 않고 '이 환자가 내 가족이라면 어떻게 해야 할까'라는 질문을 해보는 겁니다. 그 질문 하나가 과잉 진료나 불법 시술을 막는 최소한의 윤리적 기준이 될 수 있습니다.

윤리를 위해 새롭게 추가된 조항

의사 면허가 가진 무게는 상당히 무겁습니다. 높은 도덕성과 직업 윤리가 요구됩니다. 그래서 의대생들은 의대에서 의료 윤리를 교육받습니다. 또 의사가 된 후에도 모든 의사는 3년마다 두 시간씩 윤리 보수 교육을 이수해야 합니다.

대한의사협회에서는 2017년 의사 윤리 강령을 전면 개정했습니다. 의사 윤리 사항을 보다 세부적으로 구분해 놓았습니다. 유령 의사 논란 후 개정된 윤리 강령에는 '환자를 기망해 다른 의사에게 진료를 맡겨서는 안 된다'라는 조항이 새로 추가되었습니다. 환자를 다른 의사에게 맡길 경우에도 그 필요성과 해당 의사의 전문성, 경력 등을 반드시 환자에게 설명해야 한다는 원칙도 포함되었습니다. 또 방송이나 미디어에서 활동하는 이른바 '쇼 닥터'로 활동하며 의학 전문성을 이용하여 이익을 추구하는 경우, 상업적 이익보다 의학 지식의 정확성과 품위를 우선해야 한다는 점을 분명히 했습니다.

의사가 입는 흰 가운의 무게

의사는 사회로부터 높은 보상과 지위를 보장받습니다. 그러나 그것은 특권이 아니라, 무거운 책임을 동반하는 자리입니다. 환자의 생명과 건강을 다루는 직업이기에, 사회는 의사에게 더 높은 도덕성과 윤리를 기대합니다. 의사가 자율성과 신뢰를 지키려면, 사회가 요구하는 이타적 책무를 기꺼이 감당해야 합니다.

하얀 가운을 입는 순간, 여러분은 더 이상 단순한 학생이 아닙니다. 그날부터는 사회의 신뢰와 환자의 생명을 짊어진 의사로 살아가야 합니다. 눈앞의 이익보다 환자의 건강을, 순간의 유혹보다 직업적 양심을 선택하는 결단이 예비 의대생 여러분에게 필요합니다.

글을 쓴 사람들

정재훈

- 내가 꿈을 펼칠 의대는 어떻게 정할까?…55쪽

- 우정은 너를 더 크게 성장시켜준다…93쪽

- 좋은 의사는 좋은 선후배 관계가 만든다…101쪽

- 학원 문을 두드리는 너의 어깨를 두드려주고 싶다…109쪽

- 노력만큼 성적이 나오지 않아도 괜찮다…119쪽

- 슬럼프가 왔다면 쓰러지지 말고 반갑게 맞아줘라…127쪽

- 의대생의 방학은 내면을 키우는 시간이다…135쪽

- 인공지능이 의사의 자리를 위협하더라도…211쪽

최아란

꿈이 선명할수록 현실이 될 수 있다…23쪽

다시 태어나도 의사가 될 수 있다면…37쪽

의사가 되고 싶다면 나를 먼저 알아야 한다…67쪽

죽음이 의대생에게 가르쳐주는 것들…87쪽

의사가 되는 마지막 관문, 의사국가시험…145쪽

- 어떤 과에서 일하느냐가 의사 인생을 좌우한다…151쪽
- 전공의의 새벽은 오늘도 저물지 않는다…161쪽
- 의사가 갈 수 있는 세 갈래 길…183쪽
- 지혜롭고 다정한 의사 할머니가 되고 싶어…191쪽
- 히포크라테스 선서가 우리에게 전하는 말…219쪽

황보율

- 헤매는 시간만큼 너의 꿈이 될 수 있다…31쪽
- 꿈은 내가 스스로 정해야 한다…43쪽
- 의대에서 의학을 배운다는 게 뭘까?…79쪽
- 의사가 과학자가 되려면 어떻게 해야 할까?…173쪽
- 병원이 아니어도 꿈을 펼칠 수 있다…197쪽
- 인공지능과 의사가 공존하는 병원을 상상하다…203쪽